映画に学ぶ スペイン語

38 películas
para aprender español

柳原孝敦 ● 著

教育評論社

＊ 本書は，2010 年に東洋書店から出版された『映画に学ぶスペイン語
　　──台詞のある風景』に加筆修正したものです．
＊ 価格表記などは2021年9月時点の情報です．
＊ デジタルで配信されている作品もあります．

はじめに

映画というのは不思議なメディアだ．文学と親和性が高い（つまり，小説などを原作としているものが多い）はずなのに，往々にして文学のメディアたる本を焼くシーンを見せ場とする．視覚に訴えるメディアだから，スペクタクルを要するのだ．スペクタクルには火はうってつけだ．本が焼かれても，不思議と作家たちは魅了される．一方，映画は視覚に訴えるメディアなのに，観客には見えていないものがある．逆に人の目には見えないはずのものを見せてくれる．視覚を欺くのだ．フレーミング（画面構成），モンタージュ（編集），SFX（特殊効果），それにCG（コンピュータ・グラフィックス）らの成果だ．

欺くのは視覚だけではない．映画は聴覚をも欺く．音楽が聞こえているはずなのに（BGM）観客はそのことを忘れる．逆に，音楽など鳴っていないはずなのに，BGMが流れているように思うことがある．セリフが発されているはずなのに，そんなものなくても話はわかる．だからセリフは忘れてもいい．映画は本質的にサイレント映画だと言った批評家もいた．そのくせ映画にはいつまでも耳にこびりついて離れないセリフがある．

映画は視覚と聴覚を欺くメディアだ．だから夢を見るように映画は見られる（暗いところで）．映画は夢のメディアだ．夢を表現するのにふさわしいメディアだ．映画が夢を表現するのにふさわしいと言ったのはルイス・ブニュエルだ．ブニュエルの映画は実際，デビュー作以来，多くは夢の表現としてある．ブニュエルの映画は，だから究極の映画だ．

そんなブニュエルを草創期に輩出し，父として仰ぐことになったスペイン映画が，すぐれていないはずがない．そんなブニュエルが多くの足跡を残したメキシコ映画が，すぐれていないはずがない．それがスペイン語圏の映画にアプローチする際の第一の前提だ．事実，スペインだけに話を絞っても，カルロス・サウラやビクトル・エリセ，ペドロ・アルモドバル，アレハンドロ・アメナーバルらにはブニュエルの息子としての特徴が見て取れる．本書ではこれらの監督のものを複

数作品扱っている．参照されたい．

　映画はセリフなんかなくても理解できるもののはずなのに，そこには忘れられないセリフがある．それが外国語ならば学習に役立つはずだ．この信念が『映画に学ぶ○○語』のシリーズの共通前提だろう．実際私も，映画で英語を学び，フランス語やイタリア語に親しみ，スペイン語を習得したはずだった．スペイン語を学び始めて間もないころにビクトル・エリセの日本への紹介がなされたという巡り合わせは，したがって，私にとっては決定的なものだった．そうした巡り合わせを読者の方に経験していただくきっかけとなれるのなら，著者としては幸いだ．

　でも一方で，言語の習得だけを目的とされても，なんだかもったいないという思いもある．映画は夢のメディアだ．夢は多くを教えてくれる．夢が示唆しているものをたどっていけば，文化の総体のようなものが，ぼんやりとではあっても，見えてくるはずだ．それを見せたかったというのも，本書の執筆動機のひとつ．

　本書は2010年に東洋書店から刊行された同名の書の増補復刻版だ．前年までに日本でDVDソフト化されていたものの中から選んだ38本の映画を扱っている．旧版では諸般の事情から34本のみを掲載したが，そこで割愛された4本をこの版では復活させた．時間の経過に合わせて一部文章を訂正したほかにも，旧版出版時に指摘された文法解説の問題点なども訂正してある．しかしながら，さすがに2010年以後の作品を組み込むことまではできなかった．

　日本に紹介されDVDやブルーレイでソフト化されたり，近年ではネット配信での鑑賞が可能になったりしているスペイン語圏の映画は決して少なくない（充分とは言えないけれども）．読者が本書を足がかりにスペイン語圏の映画の世界へと分け入っていただくことを願う．

　入手困難になっていた本書に新たな生を与えようと尽力くださったのは教育評論社の小山香里さんだ．とりわけ煩雑を極めるはずのこの種の本の編集の労をとってくださったことに対し，感謝する次第．

2021年8月　　　　　　　　　　　　　　　　　　著者

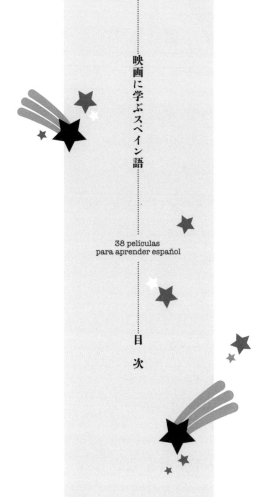

映画に学ぶスペイン語

38 películas
para aprender español

目 次

映画に学ぶ
スペイン語

38 películas
para aprender español

目　次

装丁＋本文デザイン＝中村友和（ROVARIS）

① 皆殺しの天使
El ángel exterminador

ルイス・ブニュエル監督

▶**製作**◎グスタボ・アラトリステ
▶**原案**◎ルイス・アルコリサ, ルイス・ブニュエル
▶**脚本**◎ルイス・ブニュエル
▶**撮影**◎ガブリエル・フィゲロア
▶**出演**◎シルビア・ピナル, エンリケ・ランバル, アウグスト・ベネディコ, カルロス・サバヘ, クラウディオ・ブルック他
▶**製作年等**◎1962年, メキシコ, 93分, モノクロ

ストーリー

メキシコ市，プロビデンシア通りの豪邸では20人の客を招いての晩餐会を控え，使用人たちが次々と屋敷を立ち去るという奇妙な現象が起きている．それでもどうにか晩餐は終わり，客は居間でくつろぐ．ピアノ演奏も加わって宴はたけなわ，朝の4時になっても誰も帰ろうとしない．主人のノビレ（ランバル）は客に泊まっていくように勧める．やがて客たちは居間から一歩も外へ出られなくなっていることに気づく．

翌朝，執事頭のフリオ（ブルック）が朝食を運んできたが，以後，彼も居間を出られなくなる．それを最後に客たちは食事も水もない限られた空間の中で過ごすことになる．極限状態の中で人間関係はギクシャクしていく．やがて晩餐の最中に逃げたはずの羊が戻ってきて，空腹を癒した20人は，閉じ込められた晩と同じ位置で同じ動作を繰り返すことによってやっと脱出できたのだった．

しばらく後に20人はミサ後の教会に閉じ込められる．外では警官隊が逃げ惑う市民に発砲し，教会には羊たちが訪れる．

写真協力：㈶川喜多記念映画文化財団

8

Piensen antes en las terribles consecuencias de lo que van a hacer. Este vil atentado no será el único. Supone la desaparición de la dignidad humana, el convertirse en bestias.

◎　◎　◎

　その前にあなた方がやろうとしていることがどんな恐ろしい結果になるか考えてください．こうした下劣な襲撃は後を絶たないでしょう．これでは人間の尊厳を失ってしまいます．野獣になるようなものだ．

1

セリフの背景

　プロビデンシア Providencia（神意）などという皮肉な名の通りにある豪邸で，不可解な理由によって居間に閉じ込められることになった20人もの上流階級の招待客たちの反応はさまざまだ．ユダヤ神秘教カバラーの教えを実践して鶏の脚と羽毛で未来を予見しようとする者やフリーメーソン式に助けを叫ぶ者，病身で神に救いを求める者，そしてラテン語で意味不明な祈りを捧げる者までもいる．しかし，いつまで経っても誰も問題の居間からは出られない．神はいないのだろうか？　一方，

20人の中には恋人同士や不倫の愛人関係を結んでいる者，若さと美しさから男たちの憧憬のまなざしを受ける女性などがいて，愛や嫉妬の物語には事欠かない．風呂にも入っていないから体臭も気になるところ．次第にいがみ合いやいさかいが生まれていく．

写真協力：㈶川喜多記念映画文化財団

9

やがてこの不可解な現象は家の主であるノビレに責任があるのだと考える者たちが現れた．彼らは「蜘蛛を殺せば蜘蛛の巣から解放される」ように，ノビレを殺せばこの見えないバリアから解放されるのではないかと言いつのった．暴徒化した彼らからノビレをかばい，医者のコンデ（ベネディコ）が言ったのが，前ページのセリフ．もちろん，暴徒はそれには取り合わず，ノビレは自らの身を犠牲に差し出そうと決心する．その時，隣にいたレティシア（ピナル）が，あの晩と同じ位置にみんながいることに気づき，彼女の提案で同じ動作を繰り返すことによって客たちは幽閉から解放されるのだった．

① **piensen**：動詞 pensar の ustedes に対する命令形．命令形では主語は不要．考えるテーマは en で表す．
② **lo que**：中性の定冠詞 lo と関係代名詞 que の組み合わせで，先行詞を含む関係代名詞となる．「〜すること，言うこと」の意．
③ **van**：動詞 ir の ustedes に対する現在形の活用．活用形で主語がわかるので省略される．ir a ＋不定詞で未来を表す．
④ **será**：動詞 ser の未来形，三人称単数の活用形．「襲撃は唯一のものとはならないでしょう」とは，ひとりを殺してしまえば次々と犯罪に走るだろうという意味．
⑤ **supone**：動詞 suponer の現在形，三人称単数の活用形．「意味する」の意．主語が明示されていないということは，前の文章と同じだということ．つまり，el atentado.
⑥ **el convertirse**：動詞の不定詞は名詞の働きをする．その時，男性名詞扱いになるので，定冠詞 el がつく．これは la desaparición と同格．つまり，襲撃が意味するものを言い換えている．動詞 convertirse は物質や様態の変化を表現する．変化した結果は前置詞 en で受ける．

『皆殺しの天使』について

　ルイス・ブニュエル（1900-83）はスペイン映画を代表すると
いうよりは，広くシュルレアリスム映画を代表する監督．自身と
友人サルバドール・ダリの夢や繰り返されるオブセッションを映
像化した『アンダルシアの犬』（1929）で評判を得た．そんな彼
は1946年以後メキシコに住み，そこでコメディや娯楽作品，社会
主義リアリズム作品，文芸作品など多様なジャンルの30本ほどの
映画を撮っている．久しぶりにスペインで撮影してカンヌ国際映
画祭でパルム・ドールを受賞した『ビリディアナ』（1961）の次
に撮ったのが，この『皆殺しの天使』．理由もなく（あるいは，誰
かが「楽しくて帰りたくない」と言ったのをきっかけに）人がある
場所から出られなくなるという話なのだから，シュルレアル
（超現実的）なことこの上ない．夢を重視したシュルレアリストに
ふさわしい，これ以上はない悪夢の劇だ．あるいは不条理と言う
べきだろうか？

　そんな映画なので，ストーリーや論理的な因果関係などは考え
ずに，いかにもブニュエル的な要素の数々を楽しむべきだろう．
ブニュエル映画のエッセンスが詰まっている．ブニュエル映画に
特徴的な要素とは，シーンの繰り返し，原因のわからないできご
と，食事のシーン，ブルジョワ批判，象徴的な意味を持つ絵画的
なシーン，などだ．そもそも理由もわからずに閉じ込められ，閉
じ込められた時と同じ位置で同じ行為を繰り返すことによって解
放されるというこの映画のストーリーは，それだけでブニュエル
的だ．閉じ込められている最中の招待客たちのもめ事や人間関係
のドラマは，痛烈なブルジョワ批判となっている．カバラーの教
えの実践などの宗教的象徴性もブニュエルらしい．なにより，迷
い込んだ羊を生け贄に捧げて飢えを癒すなどというシーンも，実
に象徴的．『忘れられた人々』（1950）とともに，メキシコ時代の
ブニュエルの最高傑作だ．

② 低開発の記憶
メモリアス
Memorias del subdesarrollo

トマス・グティエレス・アレア監督

▶**製作**◎マヌエル・メンドーサ
▶**脚本**◎エドムンド・デスノエス, トマス・グティエレス・アレア
▶**撮影**◎ラモン・スアレス
▶**音楽**◎レオ・ブローウェル
▶**出演**◎セルヒオ・コリエリ, デイジー・グラナドス, エスリンダ・ヌニェス, オマール・バルデス他
▶**製作年等**◎1968 年, キューバ, 97 分, モノクロ

ストーリー　　1961 年, 2 年前に革命を成就したキューバのカストロは, 国が社会主義路線を取ることを表明, 富裕層の多くはアメリカ合衆国やヨーロッパへと移住した. 資産家の青年セルヒオ (コリエリ) は, 国を離れる家族を見送り, 小説を書くためにハバナに居残る. 使用人のノエミ (ヌニェス) に妄想をたくましくし, ハバナの街を眺めたり歩き回ったりしては思索を重ねる. ある日, 街で女優志望の少女エレナ (グラナドス) に出会い彼女を誘惑する. ところが, 彼女は一貫性がなくつかみどころがない. しまいにはエレナの家族が娘を傷物にしたとして告発する始末.

　そのころ, キューバ国内にソ連のミサイルが配備されたとして, アメリカ合衆国のケネディ政権はすべてのキューバ船の臨検を主張, いわゆるキューバ危機 (キューバの用語では「10 月危機」) が起こる. 武器を取って革命を守るか, 家族を追って国外に脱出するか, セルヒオは追い詰められていくのだった.

DVD ¥4,950 (税込)
発売元：Action Inc

En el subdesarrollo nada tiene continuidad.
Todo se olvida. La gente no es consecuente.
Pero tú recuerdas muchas cosas. Recuerdas
demasiado. ¿Dónde está tu gente, tu trabajo,
tu mujer? No eres nada, nada. Estás muerto.
Ahora empieza, Sergio, tu destrucción final.

◎　◎　◎

　低開発下では連続性というものがない．何もかもが忘れ
られる．人々は一貫性がない．しかしお前はいろいろなこ
とを覚えている．覚えすぎている．お前の仲間は，仕事は，
妻はどこへ行った？　お前は無だ．死んでいるんだ．さあ
セルヒオ，これからお前の最終的な崩壊が始まるぞ．

低開発の記憶　メモリアス

セリフの背景

　ある日セルヒオは「文学と低開発」と題するシンポ
ジウムに聴衆として参加する．そこにはサルバドー
ル・ブエノなどこのテーマに卓越した批評家がパネリ
ストとして参加している．この映画の原作者であるデ
スノエスもそのひとりだ．熱い議論が闘わされている最中にも，セル
ヒオは心の中で彼らに批判的な感想を投げかけている．聴衆の中から
質問が出る．どうやらアメリカ人のようで，英語で話している．「革命
で何もかも変わったというなら，なぜあなた方はシンポジウムなんて
いう古くさい形式で議論しているのか？」デスノエスが質問をスペイ
ン語に訳すと，会場から自嘲とも取れる笑い声が起こる．

　その次のシーンでセルヒオが言う独り言が上のセリフ．カメラは遠
くの高い位置からセルヒオの歩く姿を写している．採録した箇所の直
前では「それでお前はこんな下の方で何をしてるのだ？」Y tú ¿qué
haces aquí abajo, Sergio? とつぶやいているのだから，まるでセルヒオ自

身が上から自分を見下ろしてつぶやいているかのようだ．冒頭近く，セルヒオは高層住宅のアパートから双眼鏡でハバナの街を見下ろし，「何もかも変わらない」，「ボール紙の街だ」とつぶやくが，そのシーンを思い出させるフレーミングになっている．

　冒頭でもハバナの街の低開発を嘆いたセルヒオだったが，ここでも彼は低開発下のキューバ民衆を蔑むかのような内容の独白を展開している．「一貫性がない」というのは，エレナに対しても用いられた形容詞だった．ただし，高所から見下ろすカメラが捉えているのは，ここではあくまでもセルヒオだし，セリフ内容もこうして，セルヒオの孤独を浮き彫りにしていくものになっている．辛辣なだけでなく，両面的な現代社会批判であり自己批判でもある独白だ．

---

①**nada**：「何も（〜ない）」という意味の代名詞．動詞の前で使われると動詞を否定するnoは不要だが，下のno eres nadaのように，この語が動詞の後に来る時には動詞の前にnoが必要．この場合でも二重否定にはならない．

②**Todo se olvida.**：抽象的な事物としての「すべて」はこのように単数形でtodoと表される．se olvidaは動詞olvidarseの現在形．受け身の意味．

③**gente**：「人々」という複数の人間を指す単語だが，単数で使われる．

④**Estás muerto.**：muertoは動詞morirの過去分詞．「死んでいる」という状態を表すので，動詞はestarを用いる．

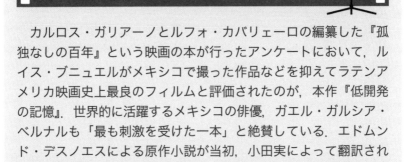

『低開発の記憶　メモリアス』について

　カルロス・ガリアーノとルフォ・カバリェーロの編纂した『孤独なしの百年』という映画の本が行ったアンケートにおいて，ルイス・ブニュエルがメキシコで撮った作品などを抑えてラテンアメリカ映画史上最良のフィルムと評価されたのが，本作『低開発の記憶』．世界的に活躍するメキシコの俳優，ガエル・ガルシア・ベルナルも「最も刺激を受けた一本」と絶賛している．エドムンド・デスノエスによる原作小説が当初，小田実によって翻訳された際の邦題は『いやし難い記憶』（筑摩書房）．訳者は映画に先に触れ，衝撃を受けて原作の翻訳を決意したとか．これも映画の質の高さを物語る逸話だ．

　ちなみに，その後，『低開発の記憶』のタイトルで新訳も出た（野谷文昭訳，白水社）．

　この映画のイメージを決定づけるのがオープニングのシーン．かまびすしいパーカッションの音楽に合わせて踊る人々．広場の喧噪の中で銃声がして殺される人物．運び出される死体．何ごともなかったかのように踊り続ける人々．パーカッションの残響が印象的なオープニングだ．だいぶ後半になって同じ映像が違う音楽とともに繰り返される．実に前衛的なこの時の楽曲を始め，印象的な音楽を担当しているのがレオ・ブローウェル．現代キューバを代表するギタリスト・作曲家だ．

　記録フィルムや報道写真，新聞紙面，報道写真風の静止シーン，早回しのフィルムなどを挿入する映像も面白い．作家志望の資産家青年が自分の住む街と社会について思索を重ね，批判し，女性たちとの妄想に耽るという，多分に観念的に思われるストーリーながら，こうした映像のおかげで飽きることがない．

　映像に一貫性を与えているのが，セルヒオの高層アパートからの眺めだ．アパートの窓からマレコンと呼ばれるハバナの海岸通りや，その向こう側の街並みを見渡す眺めは，何度か繰り返されて出てくるので目に焼きつく．

2

3 哀しみのトリスターナ
Tristana

ルイス・ブニュエル監督

▶**製作**◎ルイス・ブニュエル, ロベール・ドルフマン
▶**原作**◎ベニート・ペレス＝ガルドス
▶**脚本**◎ルイス・ブニュエル, フリオ・アレハンドロ
▶**撮影**◎ホセ・アグワーヨ
▶**出演**◎カトリーヌ・ドヌーヴ, フェルナンド・レイ, フランコ・ネロ, ヘスス・フェルナンデス, ローラ・ガオス他
▶**製作年等**◎1970 年, イタリア, フランス, スペイン, 95 分

ストーリー

　若くして両親をなくしたトリスターナ（ドヌーヴ）は両親の友人ドン・ロペ（レイ）に引き取られて生活している. 没落貴族で貧乏だが気位の高いドン・ロペは, その独得の時代遅れな価値観を, まだ若いトリスターナに押しつけ, 教育している. また, かつてプレイボーイでもあった独身のドン・ロペは, トリスターナの純潔を奪い, 妻代わりにもしている. ある日, トリスターナは若い画家オラシオ（ネロ）と出会って恋に落ち, 駆け落ちする. しばらくして, 死んだ姉の遺産が転がり込んで生活が楽になったドン・ロペのところに, トリスターナが戻っているとの噂が伝わってきた. 脚にできた腫瘍のために手術が必要になったトリスターナが, 生まれ育ったトレードの街に帰ることを切望したのだ. 脚の切断手術によって義足をはめる身となったトリスターナは, 再びドン・ロペとともに住むことになる. かつての暴君というよりはもはや好々爺よろしくトリスターナのいいなりになるドン・ロペにも, そしてまた恋人オラシオにも厳しく当たるトリスターナは, すっかり別人のようであった.

写真協力：㈶川喜多記念映画文化財団

Nunca hay dos columnas iguales. Siempre existe alguna diferencia. Entre dos uvas, dos panecillos, dos copos de nieve, yo siempre escojo. Por algo... o no sé por qué, uno me gusta más. Ésta es la que prefiero.

◎　◎　◎

同じ柱はふたつとありません．かならず何か差があるものです．ブドウでもパンでも，雪片でも，私はいつもふたつのうちからひとつを選びます．何かの理由で……あるいはなぜだかはわからないけれども，私は一方を気に入るのです．これがいいわ．

セリフの背景

　トリスターナに対し，かつてのプレイボーイであるドン・ロペは自らの思想を押しつけようとしている．まだ男と女の関係になる以前のこと，トレードの街をふたりで散歩している最中のタベーラ病院中庭での会話．直前に乳母車を押す若い夫婦とすれ違ったドン・ロペは，「結婚などしてはならぬぞ，トリスターナ」と独身主義のイデオロギーを披露する．反論を試みるトリスターナにとりつく島も与えず，あくまでも自由恋愛を謳歌してみせていた（「鎖も，署名も，祝福もいらない」）．そこで中庭に到着して立ち止まったトリスターナが，2本の柱を眺め，「どちらが好き？」と問いかけたところ，ドン・ロペは「どれも好きでは

写真協力：㈶川喜多記念映画文化財団

17

ない．あるいはどれでもいい．同じことだ」と取り合わない．それに
こたえてトリスターナが発したのがこのセリフ．暴君的な男性に対す
る女性の成長と反抗，自立への意志を扱ったと評価されることの多い
原作小説と映画であるが，ごく初期に見られるこうしたやりとりにド
ン・ロペとトリスターナの不和がうかがわれる．そしてまた意志と知
性とによる択一を前提とした生き方を取るトリスターナの態度が，こ
こで表明されている．

---

① **nunca**：否定を強調する副詞．「決して……ない」．動
詞に前置されると否定の no が不要になる．

② **hay**：動詞 haber の現在形，三人称単数の特殊な活用
形（通常は ha）．「ある」の意味．無主語で三人称単数
でのみ使われる．

③ **alguna**：不定の意味を表す形容詞 alguno の女性単数形．名詞に前置
される．

④ **escojo**：動詞 escoger の現在形，一人称単数の活用形．発音を保つた
め綴り字が変わることに注意．g→j．「選ぶ」の意味．択一の対象は前
にあげられている ENTRE dos uvas…．

⑤ **por**：前置詞．理由を表す．por qué は「なぜ」と理由をたずねる．

⑥ **algo**：不定の意味の代名詞．男性単数形としてのみ使用．Por algo は，
したがって，「何らかの理由で」の意．

⑦ **la que**：la columna que のこと．columna（柱）が省略されている．
que は関係代名詞．

⑧ **prefiero**：動詞 preferir の現在形，一人称単数の活用形．

『哀しみのトリスターナ』について

　『皆殺しの天使』の解説（11ページ）で述べたように，1946年からはメキシコで活動を始めたブニュエルは，61年の『ビリディアナ』以後，ヨーロッパでの仕事も再開するが，多くはフランスで撮っている（それゆえ，日本ではフランスの監督と思われることも多い）．66年にカトリーヌ・ドヌーヴを主演に迎えて撮った『昼顔』が翌年，ヴェネチア国際映画祭で金獅子賞を受賞した．次にドヌーヴとのコンビで撮ったのが，この『哀しみのトリスターナ』．

　繰り返される悪夢をモチーフにした作品の多いブニュエル映画の中にあって，比較的ストーリーがわかりやすいのがこの作品だろう．それもそのはずで，これには原作が存在する．スペイン19世紀を代表するリアリズムの作家ベニート・ペレス＝ガルドスの『トリスターナ』*Tristana*（拙訳で近刊予定）だ．ペレス＝ガルドス作品としてはあまり知られていなかった『トリスターナ』は，逆にこの映画によって脚光を浴びることになった．

　そんな翻案映画でも，そこにはいかにもブニュエルらしい脚色がほどこされている．原作小説は19世紀終盤のマドリードを舞台としていたのだが，映画は1920年頃のブニュエルの愛したトレードとなっている．ここで取り上げたセリフの直後のシーンで，カテドラル内にあるタベーラ枢機卿の棺の上の彫像にトリスターナが寝そべって愛撫するシーンなど，ここがブニュエルのお気に入りの場所であるということと，原作にはない官能性をたたえているという二重の意味でブニュエル的だ．ブニュエルはまた，この街の鐘楼をも気に入って映画内に取り込んでいるが，そのしかたも実にブニュエル的．ドン・ロペの切り取られた首が揺れて鐘を鳴らしているのだ．これが繰り返される悪夢としてトリスターナを苦しめる．見ている者も驚かされるショットだ．

悲しみのトリスターナ

④ ミツバチのささやき
El espíritu de la colmena

ビクトル・エリセ監督

▶**製作**◎エリアス・ケレヘタ
▶**脚本**◎ビクトル・エリセ, アンヘル・フェルナンデス＝サントス
▶**撮影**◎ルイス・クワドラード
▶**音楽**◎ルイス・デ・パブロ
▶**出演**◎アナ・トレント, イサベル・テリェリア, フェルナンド・フェルナン＝ゴメス,
　　テレサ・ギンペラ他
▶**製作年等**◎1973 年, スペイン, 97 分

ストーリー

　スペイン中部のオユエロス村, 1940 年頃, 公民館での移動映画で『フランケンシュタイン』が上映される. それに見入った少女アナ（トレント）は, その晩, 姉のイサベル（テリェリア）から, フランケンシュタインは殺されたのではない, 村はずれに生きていて会うことができるし, 話しかければコミュニケーションもとれると教えられる. イサベルに連れられて村はずれの無人の小屋に行ったアナは, そこにフランケンシュタインがいるものと信じてひとりで通うようになる. ある日, 傷を負って隠れている脱走兵らしき人物を見いだし, 彼を助けてあげる. しかし彼は, その晩, 治安警察隊に銃殺される. 脱走兵の所持品からアナの関与を疑った父親フェルナンド（フェルナン＝ゴメス）に詰問され, 家を飛び出したその晩, アナはフランケンシュタインに出会うが, 話しかけようとした瞬間, 気絶してしまうのだった.

DVD ¥4,180 / Blu-ray ¥5,280
（税込）, 発売元：アイ・ヴィー・シー

Ya te he dicho que es un espíritu. Si eres su amiga, puedes hablar con él cuando quieras. Cierras los ojos, y le llamas : Soy Ana, soy Ana.

◎ ◎ ◎

言ったでしょう，彼は精霊なんだって．彼の友だちになれば，いつでも好きな時に話しかけられるのよ．目を閉じて，呼びかければいいの．わたしはアナ，わたしはアナよ，って．

セリフの背景

『フランケンシュタイン』の上映を見て興奮して帰ったアナとイサベルだったが，とりわけアナは映画の最中に質問しても「後で」と取り合わなかったイサベルから，答を聞き出したくてしかたがない．いったんは床につくが眠れないアナは，ろうそくに火を灯し，イサベルに質問する．なぜフランケンシュタインは女の子を殺したのか，なぜその後フランケンシュタインは殺されたのか，と．それに対して，眠くてしかたがないらしいイサベルは，フランケンシュタインは死んでいない，映画の中のことはみんな嘘なのだと答える．そしてあろうことか，自分は夜，村はずれでフランケンシュタインに会ったとさえ言ってしまう．ではなぜ夜なのに見えたのかと食い下がるアナに対する答が，上のイサベルのセリフ．

これによってアナはすっかりフランケンシュタインの存在を信じてしまう．つまり，これがこの映画の最大のキーとなるセリフ．フランケンシュタインと森の中で実際に出会

©2005 Video Mercury Films S.A.

4

ミツバチのささやき

い，気を失ったアナは，翌朝捜索隊に発見されて家に帰る．しばらく体調不良が続いて安静にしていたアナが夜，起き出して寝室の窓を開けるというのが映画の最後のシーンだが，この時もヴォイスオーヴァー（セリフではなくナレーションとして）の音声でイサベルのこのセリフが流れてくる．

**文法の
ポイント**

① **te**：人称代名詞，二人称単数，間接目的格．tú に対応する．「君に」，「お前に」

② **he dicho**：動詞 decir の直説法現在完了形，一人称単数の活用形．現在完了形は haber ＋動詞の過去分詞の形だが，decir の過去分詞は不規則な変化をして dicho となる．

③ **puedes**：動詞 poder の直説法現在形，二人称単数の活用形．次に動詞の不定詞（ここでは hablar）を従えて，「……できる」の意．

④ **cuando quieras**：quieras は動詞 querer の接続法現在形二人称単数の活用形．cuando の後に接続法が使われると，条件を表す．

⑤ **cierras**：動詞 cerrar の直説法現在形，二人称単数の活用形．アクセントのかかる e が ie に変化する，いわゆる語根母音変化動詞．これは現在形の活用だが，意味上はほとんど命令形．命令の意味を和らげるために，このように現在形が使われることがある．

⑥ **le**：人称代名詞，三人称単数．ここは本来，直接目的語なので lo が使用されるべきところ．直接目的語の代名詞を男性に限り lo に替えて le を使うことを leísmo と言う．これは典型的な leísmo の例．

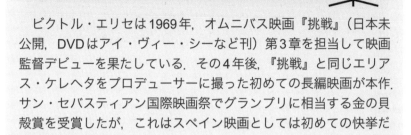

　ビクトル・エリセは1969年，オムニバス映画『挑戦』（日本未公開，DVDはアイ・ヴィー・シーなど刊）第3章を担当して映画監督デビューを果たしている．その4年後，『挑戦』と同じエリアス・ケレヘタをプロデューサーに撮った初めての長編映画が本作．サン・セバスティアン国際映画祭でグランプリに相当する金の貝殻賞を受賞したが，これはスペイン映画としては初めての快挙だった．

　音楽，撮影，編集などは『挑戦』と同一のメンバーで，これはつまりプロデューサー，ケレヘタのお気に入りのスタッフ．父親役のフェルナンド・フェルナン＝ゴメスは，自身，監督も務めたり小説や戯曲を書いたりもした多才な人物で，後にスペイン王立アカデミー会員にもなった（2007年，死去）．この作品以後，名優としての地位を不動のものにした．彼の出演作は日本にも数多く紹介されている．

　しかし，何と言ってもこの映画で印象的なのは主人公アナ・トレントだ．この後，子役として大活躍を見せることになる．ハイメ・デ・アルミニャン『エル・ニド』（1980）ではモントリオール世界映画祭主演女優賞を受賞している．進路に迷った時期もあったようだが，女優を続けることを決意し，特に『テシス』（56ページ）などで好演を見せている．

　クランクイン直前に脚本の導入部分がカットされ，オープニングがだいぶ違ったものになっている．完成版のオープニングは映画の内容を描いた絵になっているが，これはアナ・トレントとイサベル・テリェリア，およびイサベルの実の妹たちの描いたもの．ここで流れる音楽とともに，今では『ミツバチのささやき』のイメージを決定づけるものになっている．

ミツバチのささやき

5 カラスの飼育
Cría cuervos

カルロス・サウラ監督

▶**製作**◎エリアス・ケレヘタ
▶**脚本**◎カルロス・サウラ
▶**撮影**◎テオドロ・エスカミーリャ
▶**音楽**◎ジャネット
▶**出演**◎アナ・トレント, ジェラルディン・チャップリン, コンチ・ペレス, マイテ・サン
　　チェス・アルメンドロス, モニカ・ランドル他
▶**製作年等**◎1975 年, スペイン, 106 分

ストーリー　　両親を相次いで亡くしたイレーネ（ペレス），アナ（トレント），マイテ（サンチェス・アルメンドロス）の三姉妹は，車椅子生活の祖母とともに叔母パウリーナ（ランドル）に生活の保護を仰ぐことになる．ことさら母になついていたアナは，しかし，その生活になじもうとしない．

　裕福な職業軍人だった父は家政婦にも手を出そうとする女好きで，実は腹上死だったのだが，アナは彼を自分が殺したと思い込んでいる．彼との結婚によってピアニストの道を断念した母親への同情から，父親に殺意を抱いていたアナは，以前母親から毒だから処分するようにと言われた白い粉を，前夜，父の飲む水に溶かしておいたのだ．

　アナはこの白い粉を庭の廃屋に隠し持っていて，高圧的でいけ好かないパウリーナもこれで毒殺しようとする．けれども，白い粉はもちろん毒ではなく，実は重曹．パウリーナは死ぬはずもなく，翌朝にはいつもの生活に戻った．アナにも新学期が待っていた．

DVD ¥1,980 / Blu-ray ¥2,420
（税込），発売元：アイ・ヴィー・シー

No entiendo cómo hay personas que dicen que la infancia es la época más feliz de su vida. En todo caso, para mí no lo fue. Y quizá por eso no creo en el paraíso infantil, ni en la inocencia, ni en la bondad natural de los niños. **Yo recuerdo mi infancia como un período largo, interminable, triste, donde el miedo lo llenaba todo, miedo a lo desconocido.**

◎ ◎ ◎

　子供のころがいちばん幸せだったと言う人がいるけど，私にはわからない．いずれにしろ私にとっては幸せじゃなかった．たぶん，だからこそ，私は幸せな子供時代とか，子供の純粋さ，善良さなんてものが信じられない．私の子供時代は長くて果てしない，悲しい時代だった．何かにつけて恐怖を感じていた．知らないものに対する恐怖を．

セリフの背景　母親役を務めるジェラルディン・チャップリンは，成長したアナとして語り手の役目も果たす．ときおりカメラに向かって，あるいはヴォイスオーヴァーで，子供時代の自分の心境を語るのだ．これも成長したアナとしてのチャップリンによるナレーションのセリフのひとつ．この後，強烈に記憶に残っていることがあると前置きし，病気で死にかけていた母の苦しみを直視した日の思い出が語られる．この母も，もちろん，チャップリンが演じている．

　母親としてのチャップリンの登場のしかたはもう少し複雑だ．たとえば冒頭，既に死んでいるはずなのに，父の死を目撃した直後の幼いアナの目の前に現れて，早く寝るようにとやさしく語りかける．つまり幼いアナが死後も母の幻覚を見ているという設定．

　アナはその後，庭から隣のビルの上に立つ自分自身が飛び降りる姿

も目撃する．アナにはどうやら，その場に存在しない人物が見えているらしい．つまり，『カラスの飼育』は，現実と幻想の入り交じる複雑な語りの構造を持っているということなのだ．

© 2005 VIDEO MERCURY FILMS

比較的単純なストーリーのこの映画は，こうした複雑な手法で少女の心象風景を描き，気難しくも残酷な内面を浮き彫りにしていく．

　子供とは肉親を毒殺もしかねないほど残酷なものだ．純粋でも善良でもない．子供時代は幸せな時代ではないのだ．アナのセリフがこうしてリアリティを増す．

文法の
ポイント

① **entiendo**：動詞 entender の現在形．いわゆる語根母音変化動詞で，現在形は不規則な変化をする．

② **cómo**：疑問詞．理由を問う．「なぜそんな人がいるのか理解できない」ということ．

③ **la época más feliz de su vida**：比較級を作る más は，定冠詞つきの名詞を形容すると最上級になる．「人生で一番幸せな時代」

④ **en todo caso**：いずれにしろ

⑤ **no lo fue**：fue は動詞 ser の過去形．三人称単数．Ser の補語は代名詞 lo で受ける．「そうではなかった」つまり「幸せではなかった」ということ．

⑥ **por eso**：「だから」の意．

⑦ **ni**：直前の no creo を受けて，否定を繰り返す時の用法．「……も……も……も信じない」

⑧ **donde**：関係副詞．先行詞は período．

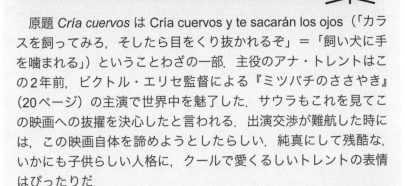

『カラスの飼育』について

　原題 *Cría cuervos* は Cría cuervos y te sacarán los ojos（「カラスを飼ってみろ，そしたら目をくり抜かれるぞ」＝「飼い犬に手を噛まれる」）ということわざの一部．主役のアナ・トレントはこの2年前，ビクトル・エリセ監督による『ミツバチのささやき』（20ページ）の主演で世界中を魅了した．サウラもこれを見てこの映画への抜擢を決心したと言われる．出演交渉が難航した時には，この映画自体を諦めようとしたらしい．純真にして残酷な，いかにも子供らしい人格に，クールで愛くるしいトレントの表情はぴったりだ．

　成長したアナとアナの母親の二役を演じるジェラルディン・チャップリンは喜劇王チャーリー・チャップリンの娘で，当時はサウラのパートナーだった．そんな経歴の持ち主でスペイン語も堪能な彼女は，この作品以外にもスペイン語圏の映画に多数出演している．本書所収の作品ではペドロ・アルモドバル監督『トーク・トゥ・ハー』（104ページ）がある．

　1960年代，フランコ政権の文化政策によって充実した国立映画学校出身の映画作家が大量にデビューして，スペイン映画界に新風を吹き込むという現象が見られた．これを Nuevo Cine Español（新スペイン映画）と呼ぶ．新スペイン映画の若い監督の中で一足早くデビューしてこの流れの先駆者と言われたのがカルロス・サウラ．また，この潮流の新人監督の多くを手練れの常任スタッフで支えたプロデューサーが，この映画の製作を務めるエリアス・ケレヘタ．20世紀後半のスペイン映画を切り拓いた最強のコンビネーションだ．

　ただし，『カラスの飼育』以前のサウラ初期の代表作『狩り』（1966），『ペパーミント・フラッペ』（67），『アナと狼たち』（73）などが日本未公開なのは残念なところ．

　1976年，カンヌ国際映画祭審査員特別賞受賞．

6 エル・スール
El sur

ビクトル・エリセ監督

▶**製作**◎エリアス・ケレヘタ
▶**脚本**◎ビクトル・エリセ
▶**原作**◎アデライダ・カルシア＝モラレス
▶**撮影**◎ホセ・ルイス・アルカイネ
▶**出演**◎ソンソーレス・アラングーレン, イシアル・ボリャイン, オメロ・アントヌッティ, ロラ・カルドナ, ラファエラ・アパリシオ他
▶**製作年等**◎1983年, フランス, スペイン, 93分

ストーリー　1957年秋の, 自殺した父アグスティン（アントヌッティ）の思い出を, 娘のエストレーリャ（ボリャイン）が語る. 父は訳あって南部の町を出, 北の町のはずれで暮らすことにしたらしい. 8歳のエストレーリャ（アラングーレン）は父によくなついていた. アグスティンは医者だが, 振り子を使って水脈を当てる, いわゆるダウジングの能力もあり, エストレーリャにはそれが父の特別な能力と映っている. 自分にもその能力があると言われ, 父に教えられて振り子を使ってみるが, なかなかうまくいかない.

　最初の聖体拝領の日に南の町から祖母と使用人ミラグロス（アパリシオ）がお祝いに駆けつけ, エストレーリャはミラグロスとの会話から, 父の出奔の理由が内戦にあったらしいことを知る. 成長の途上にあるエストレーリャはその後, 父がある女優とかつて恋仲にあったのではないかと疑うようになり, 徐々に父との関係が変質していく. 15歳になったエストレーリャは, もはや父に冷淡な態度をとるばかりだった.

Yo sabía que mi padre estaba en casa. Durante todo el tiempo esperé que me llamara, pero no lo hizo. A mi silencio él respondía con el suyo. Fue así como de pronto comprendí que él seguía mi juego aceptando mi reto para demostrarme que su dolor era mucho más grande que el mío.

◎　◎　◎

わたしは父が家にいることを知っていました．ずっと彼に名を呼ばれるのを待っていましたが，彼は呼んでくれませんでした．わたしの沈黙に対して彼もまた沈黙でこたえていたのです．このようにして，突如わたしは気づきました．彼はわたしの挑戦を受け入れてゲームに従い，彼の痛みの方がわたしの痛みよりもずっと大きいと示しているのだと．

 セリフの背景　エストレーリャの憧れていた父だったが，そんな父との関係は徐々に変化していく．ある日エストレーリャは父を街の映画館で見かけた．その日の上映作品にはイレーネ・リオスという名のきれいな女優が出演している．父はその名をノートに何度も書き付けていたのだった．こうした父の行動から，エストレーリャは徐々に父の過去について疑いを抱き始める．父はその映画を見てからというもの，人が変わったようになってしまう．一度など，家出しようとさえしたのだった．

そんな父の態度に腹を立てた

©2005 Video Mercury Films S.A.

29

エストレーリャは庭のブランコから最上階の父の部屋の窓を睨み続ける．窓の向こうで行ったり来たりする父は彼女を見下ろすが，手も振らない．母に父の変化の理由を尋ねても母もごまかすばかり．エストレーリャはとうとう，反抗してベッドの下に隠れて過ごすことにした．その時のエストレーリャの心境をみずから語ったヴォイスオーヴァーのセリフが，これ．

---

① **durante**：「……の間」の意．

② **todo el tiempo**：「すべて」の意味のtodoは続く名詞との間に定冠詞を要する．

③ **llamara**：動詞llamarの接続法過去形，三人称単数の活用形．主節の動詞がesperar（期待する）なので，ここは接続法になる．また主節の時制が過去形なので，接続法過去形が採用される．

④ **no lo hizo**：lo は前の文の動詞 llamar を指示する目的語の代名詞．hizo は動詞 hacer の直説法点過去形，三人称単数の活用形．

⑤ **el suyo**：suyo は三人称の所有形容詞．定冠詞とともに使って代名詞となる．「彼のもの」の意．ここでは silencio を指示している．最終行の el mío も同様のつくりによる所有代名詞．

⑥ **fue así como**：fue は動詞 ser の直説法点過去形，三人称単数の活用形．como は関係副詞．Es así como（Así es como）で「そんなふうにして」というていどの意味になる．

⑦ **de pronto**：「突然」の意味の成句．

⑧ **aceptando**：動詞aceptar の現在分詞．現在分詞は主節の動詞との同時性を表現する分詞．「……しながら」，「……することによって」などの意になる．

⑨ **mucho más grande que**：más は比較の表現．比較の対象はque で表す．más を強調するのに用いられる副詞が mucho．

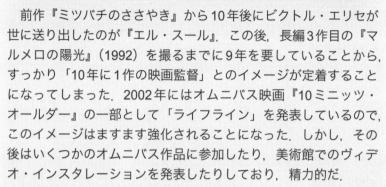

前作『ミツバチのささやき』から10年後にビクトル・エリセが世に送り出したのが『エル・スール』．この後，長編3作目の『マルメロの陽光』（1992）を撮るまでに9年を要していることから，すっかり「10年に1作の映画監督」とのイメージが定着することになってしまった．2002年にはオムニバス映画『10ミニッツ・オールダー』の一部として「ライフライン」を発表しているので，このイメージはますます強化されることになった．しかし，その後はいくつかのオムニバス作品に参加したり，美術館でのヴィデオ・インスタレーションを発表したりしており，精力的だ．

プロデューサーは前作と同じエリアス・ケレヘタ．しかし，脚本後半部分を大幅にカットして時間を短くするようにとの要求を突きつけてきて監督と対立．エリセはケレヘタの要求を呑んで映画を完成させたけれども，ふたりの共同作業はこれが最後となった．撮影は前作で組んだルイス・クワドラードが80年に死亡したため，ホセ・ルイス・アルカイネが担当．タイトルクレジットが終わるあたりから画面右上に青みが射し，それがやがて窓に朝日の当たっている光景だとわかる印象的なオープニングを始めとして，深みのある光と闇のコントラストを撮っている．

原作とされるのは当時エリセの妻だった作家アデライダ・カルシア＝モラレスの短編．しかし実際には映画よりも後に本が出ている（邦訳は『エル・スール』，野谷文昭，熊倉靖子訳，インスクリプト）．父との関係の中で少女が成長していく物語には違いないが，小説と映画はまったく異なる物語となっている．

音楽もまた『エル・スール』においては印象深い要素である．最初の聖体拝領でエストレーリャとアグスティンが踊るパソ・ドブレの名曲「エン・エル・ムンド」は，ふたりの最後の会話の際にも流れ，哀愁を掻き立てている．

7 マタドール
Matador

ペドロ・アルモドバル監督

▶**制作総指揮**◎アンドレス・ビセンテ・ゴメス
▶**脚本**◎ヘスス・フェレーロ, ペドロ・アルモドバル
▶**撮影**◎アンヘル・ルイス・フェルナンデス
▶**音楽**◎ティノ・アソーレス
▶**出演**◎アスンタ・セルナ, ナチョ・マルティネス, アントニオ・バンデラス, エバ・コーボ他
▶**製作年等**◎1986 年, スペイン, 107 分

ストーリー

　往年の花形闘牛士ディエゴ・モンテス（マルティネス）は牛に体を突かれて引退，今では闘牛士養成学校で後進の育成に携わっている．教え子のひとりで，血を見ただけで気絶するほど気の弱いアンヘル（バンデラス）が，ある日ディエゴの恋人エバ（コーボ）をレイプしたとして自首する．加えて彼は最近起こって世間を賑わせている連続殺人事件を，自分のやったこととして自首し始める．レイプは告発されず立件されなかったが，殺人事件については女性弁護士マリア（セルナ）がアンヘルの弁護につくことになった．実はアンヘルの自白した殺人事件はディエゴとマリアの起こしたもの．ふたりはこの件で初めて知り合ったのだが，ふたりとも性交中に相手を殺すことによって快楽を得るという秘密を共有する者として惹かれ合い，愛し合うようになる．

　警察の嫌疑が自分たちにかかっていることを知ったディエゴとマリアは，お互いの思いを遂げ，愛し合いながら殺し合うことを計画し，日食の日に実行に移す．

『マタドール HD ニューマスター』
DVD ¥4,180 / Blu-ray ¥5,170
（税込），発売・販売：松竹

32

Es que los hombres pensáis que matar es un delito. Las mujeres, sin embargo, no lo consideramos así. Por eso, en todo criminal hay algo de femenino.

◎ ○ ◎

だってあなたがた男は殺すことが罪だと思っているもの．ところが私たち女はそんなふうには考えない．だから罪人には常に女性的なところがあるのよ．

7

マタドール

セリフの背景　びしっとしたスーツに身を包むフェミニストのやり手弁護士というイメージで登場するマリアが実は殺人鬼だったことは，映画の冒頭近くで示されている．『マタドール』はしたがって，殺人の犯人捜しや謎解きに主眼を置いた映画ではない．性の快楽のための殺人をどのような論理で説明するかが重要なポイントとなってくる．たとえば，すべてを聞いてしまったディエゴの恋人エバが，倒錯の道に迷い込んだディエゴを自分の愛で普通の道に戻してみせると主張した時には，マリアはそんなことは無駄だと言い放つ．「ディエゴは違う種に属するの，わたしの種に」Diego pertenece a otra especie, la mía と断言してすごむのだ．

　マリアとディエゴは殺人に性的快楽を感じるという「種」なのだという．ディエゴはマリアを一目見た瞬間からそのことに気づいたようだ．そしてマリアはディエゴが彼を知るずっと以前からディエゴのことを知っている．花形闘牛士として活躍していたディエゴを見て，彼女はファンになり，さらには殺人の快楽に気づいたのだ．

　大ファンとしてディエゴゆかりの品々を集めていたマリアは，初めて彼をそのコレクションのある別荘に招待する．やがてふたりが心中することになる別荘だ．殺人を犯した時にはディエゴの真似をしても

33

いたと告白したマリアに，ディエゴは「なぜもっと早く探してくれなかった？」と詰め寄る．「だってまだ殺し続けているなんて今日まで知らなかったんだもの」Porque hasta hoy no sabía que seguías siendo matador と言うマリアには，やめようと思ったけど

「殺しをやめるのは生きるのをやめるようなものだったから」Porque dejar de matar era como dejar de vivir と自らの行為を説明する．それを受けてマリアが言ったのが前ページのセリフ．このセリフに応じてディエゴは，直後，「そしてすべての殺人鬼には男のようなところがある」Y en todo asesino, algo de masculino と返す．殺人の快楽の説明と男女の駆け引きが錯綜する，鬼気迫るセリフだ．

---

① **es que**：軽い理由説明に使われる．

② **pensáis**：動詞 pensar の現在形．vosotros に対する活用．主語は los hombres だが，「あなたがた男」の意味合いなので動詞を vosotros に活用させている．直後の consideramos は「わたしたち女」のことなので，この形になる．

③ **sin embargo**：「しかしながら」「にもかかわらず」など逆説の意．

④ **por eso**：por は理由説明の前置詞．eso は前の文章全体を受ける．「だから」の意．

⑤ **todo**：「すべての」．一般論化する時，このように単数形無冠詞の名詞につく．

⑥ **hay algo de femenino**：algo は不定の代名詞．de は性質，特徴の前置詞．「女のような何かがある」，「女性的な要素がある」ということ．

『マタドール』について

　フランコ独裁が終わり民主化の実現した1980年代のスペインには，他のヨーロッパ諸国からのカウンターカルチャーの波が押し寄せ，それが一気に花開くことになる．「モビーダ」La movida と呼ばれるその潮流の中で，デザイナーのシビラなどとともに寵児となったのがペドロ・アルモドバル．パンクバンドや短編小説などの自己表現にも頼った彼は，メガホンを取って「モビーダ」の雰囲気を伝える映画を次々と世に送り出した．ドラッグや性倒錯，暴力に満ちた夜のマドリードの活気を伝えるフィルム群だ．そんなアルモドバルの記念すべき日本公開第1作となったのが『マタドール』．公開時のタイルは『マタドール〈闘牛士〉 炎のレクイエム』．

　マタドールというのは，もちろん，闘牛士の意味だが，闘牛士にはその役割に応じていくつかの名がある．「マタドール」matador は最後に牛にとどめを刺す役割の花形のみをさす単語．殺す matar 人のことだ．マタドールが牛にとどめを刺すために狙う場所（映画の中では「針の穴」el hoyo de las agujas と説明される）のあたりに髪留めを突き立てて人を殺す人間の話なので，実に示唆的なタイトルだ．

　ディエゴ役のナチョ・マルティネスを始めとして，カルメン・マウラやチュス・ランプレアベなど，その後のアルモドバル作品でもおなじみの役者たちが顔を揃えるが，特筆すべきはディエゴとマリアの罪を透視（？）する特別な能力に恵まれた気弱な青年アンヘルを演じるアントニオ・バンデラス．『セクシリア』（1982）からアルモドバルに重用された若き俳優は，その後も『アタメ』（1990）まで彼の作品への出演を続け，スターダムにのし上がった．アーネ・グリムシャーの『マンボ・キングス　わが心のマリア』（1992）を皮切りにハリウッドに進出し，その後の活躍は周知のとおりだ．

マタドール

8 神経衰弱ぎりぎりの女たち

Mujeres al borde de un ataque de nervios

ペドロ・アルモドバル監督

▶**製作総指揮**◎アグスティン・アルモドバル
▶**脚本**◎ペドロ・アルモドバル
▶**撮影**◎ホセ・ルイス・アルカイネ
▶**音楽**◎ベルナルド・ボネッツィ
▶**出演**◎カルメン・マウラ, フェルナンド・ギリェン, アントニオ・バンデラス, フリエタ・セラーノ, マリア・バランコ, ロッシ・デ・パルマ他
▶**製作年等**◎1988年, スペイン, 89分

ストーリー
　声優としても活躍する女優のペパ（マウラ）は同じく声優のイバン（ギリェン）と恋人同士だったが, 留守番電話で別れを告げられる. 彼はどうやら新しい恋人と旅に出るらしい. 直接話そうとしてもうまくいかないペパは, 気分を変えるために引っ越しを思い立ち, ふたりで住んだマドリードの高級アパートは賃貸に出すことにした. そこに友人でモデルのカンデラ（バランコ）がやって来て, 恋人がテロリストとして捕まったという. さらに部屋を借りようと下見にやって来たのが, イバンの別れた妻ルシア（セラーノ）との間にできた息子カルロス（バンデラス）とその恋人. カンデラの件でカルロスの推薦を受けた女弁護士に相談に行ったペパは冷たくあしらわれる. 後でわかったことは, この弁護士こそが, イバンの新恋人. ふたりはストックホルムに旅立とうとしている. そしてその飛行機はカンデラの恋人一味がハイジャックを予告している. そこにルシアまで乗り込んできて事態は紛糾する.

『神経衰弱ぎりぎりの女たち〈ニューマスター版〉』
DVD¥4,180 / Blu-ray ¥5,280（税込）, 発売・販売：キングレコード

La gente joven no sabéis luchar por las cosas.
Os creéis que la vida es todo placer. Pues no.
Hay que sufrir. Y mucho.

◎　◎　◎

　あなたがた若者は何かを必死になって求めること
ができない．人生なんて楽しいことばかりだと思って
る．でもそんなことはないのよ．苦しまなきゃならな
いんだから．しかもうんと．

神経衰弱ぎりぎりの女たち

セリフの背景

　あちこちに伝言を残したのに連絡してこないイバン
に業を煮やし，ペパは電話機を窓にぶつけて壊してし
まう．そこへカンデラが泣きついてきた．しかし電話
を壊し，窓を割ったことを後悔したペパは電話局に修
理を頼みに行く．カンデラがひとりで留守番していると，カルロスた
ちが部屋の下見に来た．込み入った状況にある時にペパが戻り，カル
ロスがイバンの子だとわかった．過去の家庭の話などしたことのなか
ったイバンに代わって，ペパはカルロスから父のことや家族のことを
根掘り葉掘り聞き出そうとする．最初からこのアパートを気に入らな
かったカルロスの恋人は仲間はずれになり，ひとり窓辺で暇を持てあ

ましている．ぼんやりしている
と，カンデラがベランダから飛
び降りようとしているのが見え
た．ペパに注意を促すと彼女も
やっとカンデラの行為に気づい
た．飛び降り自殺未遂をおかし
たカンデラは，思いとどまらせ
ようとしているペパたちに向か

37

って絶望しているのだと叫ぶ．そんなカンデラに「あなたが絶望しているって言うのなら，わたしだってそうだわ．でもわたしはテラスから飛び降りようなんて思わないわよ」Si tú estás desesperada, yo también. Y no me da por tirarme por la terraza と叫んで落ち着かせてからペパが発したのがこのセリフ．

　カンデラはいかにも今どきの女の子といった出で立ちだが，どうも男につけいる隙を与えるタイプらしい．恋人のテロリストもナンパして関係を持った．そしたら彼が仲間を連れてきて，襲撃の密談を家の中で始めたというのだ．彼らが逮捕され，警察の捜査の手が自らに伸びるのを恐れ，絶望から自殺しようとした．そんな直情的で安直な若者に対し，中年にさしかかったペパが，同じくらい絶望していても馬鹿な真似はするなとさとしている．基本的にコメディであるこの映画で，恋に敗れた中年の哀切がポロリと吐露される瞬間だ．

**文法の
ポイント**

① **sabéis**：動詞 saber の現在形．vosotros に対する活用形．主語は la gente joven と三人称単数だが，若い人々を前にして言っているので，この活用が採用されている．動詞の不定詞（ここでは luchar）を従えて「……できる」「……しかたを知っている」の意．

② **por**：目標・目的とするものを提示する前置詞．ここでの las cosas は一般的な「ものごと」の意．

③ **os creéis**：動詞 creerse の vosotros に対する活用形．強調．

④ **todo placer**：この todo は副詞の用法に近い，「まったくの」「……だらけ」．

⑤ **pues no**：直前の発話を否定する時に，pues が頻繁に現れる．強調の作用がある．「まったくもって違う」「そんなはずはない」など．

⑥ **hay que**：「ある」を意味する hay は動詞 haber の三人称単数の活用形．これが que ＋動詞の不定詞を伴うと義務の意になる．「……しなければならない」．ただし，主語が特定されない時，一般論として使用される．

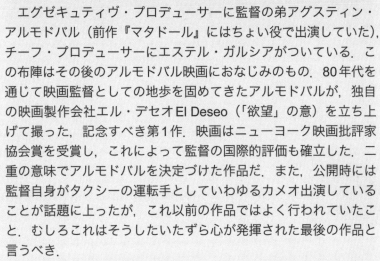

『神経衰弱ぎりぎりの女たち』について

　エグゼキュティヴ・プロデューサーに監督の弟アグスティン・アルモドバル（前作『マタドール』にはちょい役で出演していた），チーフ・プロデューサーにエステル・ガルシアがついている．この布陣はその後のアルモドバル映画におなじみのもの．80年代を通じて映画監督としての地歩を固めてきたアルモドバルが，独自の映画製作会社エル・デセオ El Deseo（「欲望」の意）を立ち上げて撮った，記念すべき第1作．映画はニューヨーク映画批評家協会賞を受賞し，これによって監督の国際的評価も確立した．二重の意味でアルモドバルを決定づけた作品だ．また，公開時には監督自身がタクシーの運転手としていわゆるカメオ出演していることが話題に上ったが，これ以前の作品ではよく行われていたこと．むしろこれはそうしたいたずら心が発揮された最後の作品と言うべき．

　それまでアルモドバルの世界を知らなかった観客たちは，まず何よりも出演者の個性に一驚した．とりわけカルロスの恋人役のロッシ・デ・パルマ（本職はモデル）の与えたインパクトは忘れがたい．ピカソの描いた女のようだと話題をさらった．離婚のショックで精神を病んだという設定のルシアは，クライマックスのカーチェイスと空港での発砲騒ぎの際の姿が印象的だ．これはフリエタ・セラーノ自身の容貌というよりはカメラワークのなせる技．歩く歩道をずんずん突き進むルシアの頭だけを見せるシーンは秀逸だ．撮影はホセ・ルイス・アルカイネ．

　基本的にペパのアパートに様々な人が飛び込んできて繰り広げるシチュエーション・コメディである本作で，負けず劣らず光っているのが，舞台となるそのアパートのセットだ．赤や黄色の原色を思い切って採用した家具や調度品が強烈な印象を残す．巻き起こるドタバタのきっかけとなったガスパチョ（トマトなどで作る冷製スープだが，ここでは睡眠薬入り）と相まって鮮やかだ．

8

神経衰弱ぎりぎりの女たち

スール
その先は……愛
Sur

フェルナンド・E・ソラナス監督

- ▶**製作**◎エンバール・エル・カドリ, フェルナンド・E・ソラナス, パトリシア&ピエール・ノヴァ
- ▶**脚本**◎フェルナンド・E・ソラナス
- ▶**音楽**◎アストル・ピアソラ
- ▶**出演**◎ミゲル・アンヘル・ソラ, スス・ペコラーロ, フィリップ・レオタール, リト・クリス, アントニオ・アメイヘイラス, ウリセス・ドゥモン, イネス・モリーナ他
- ▶**製作年等**◎1988年, フランス, アルゼンチン, 122分

ストーリー

　1976年のクーデターによって軍事政権の樹立したアルゼンチンでは, 反体制派と目される多くの人が逮捕・拘留された. 食肉工場のストを組織したとの理由で官憲に捕まったフロレアル（ソラ）は83年, 政権崩壊によってようやく解放された. いったんは妻子の待つ家の窓を叩いたフロレアルだったが, 幻影に追われてその場を離れ, 投獄されていた間の失われた5年間を取り戻すべく友人たちを訪ねて回ることにした. そこで死んだはずの友人エル・ネグロ（クリス）に出会い, 過去と現在, 幻想と現実が交錯する旅が始まった. 旅は一晩のことだが, エル・ネグロや友人ペレグリーノ（アメイヘイラス）を通じて, フロレアルが獄中にあった間の妻ロシ（ペコラーロ）や彼の両親, 同僚, 友人たちの外の世界での苦悩が浮き彫りにされていく. それらをすべて受け入れ, フロレアルは翌朝, 妻のもとに戻っていく.

写真協力：㈶川喜多記念映画文化財団

No le busques explicación, Rosi. Nada más simple y más extraño que el amor. Me voy. Lo último que me ataba a este país eras vos. Y nunca llegaste a pertenecerme del todo. Sos el recuerdo más lindo que yo te quiero. Roberto.

◎　◎　◎

　そこに説明を求めるな，ロシ．愛ほど単純で不思議なものはない．俺は国を出る．この国に俺を結びつけていた最後のものは君だった．でも君は決して何もかも俺のものにはならなかった．君は俺の愛する最もきれいな思い出だ．　　　ロベルト

スール　その先は……愛

セリフの背景

　逮捕される前に父の友人エミリオ（ドゥモン）の計らいで駅の廃舎に隠れていたフロレアルは，同様に隠れる身のマリア（モリーナ）と関係を持つ．一方，夫が逮捕されたことを知ったロシは，夫の同僚でフランス人技師のロベルト（レオタール）のバイクやペレグリーノのトラックに乗せてもらいながらあちこち探し回る．やっと南部パタゴニアの刑務所に収監されていることを突き止めて，彼女は定期的にフロレアルに面会することになった．しかし面会を重ねるごとに，孤独なフロレアルが子供を連れてこなかったと言ってロシをなじることも多くなってきた．刑務所の外にある苦労は，彼には理解されなかったのだ．

　ある日，アルゼンチンに見切りをつけたロベルトが帰国するので，その送別パーティが開かれた．パーティもひけた頃，ロベルトからずっと愛していたと告白されたロシは，帰国までの間，彼と愛し合うこととなった．しかし，面会に行くとフロレアルに勘づかれたようで，

41

ロシは苦悩する結果となる．

　ロシはフロレアルを愛している．でも一方で彼のいない孤独を乗り切ることができているのはロベルトのおかげだ．「ふたりの男を自然に愛し欲することができるなんて思ってもみなかった」Nunca creí que pudiera querer y desear naturalmente a dos hombre と悩むロシの姿にオーバーラップするように始まるロベルトの別れの手紙が，このセリフ．

① **le**：間接目的語の代名詞 le は人間のみを指すのではない．この場合は amor を受けている．また，直接目的語（ここでは explicación）との所有や利害の関係を示すことも多い．

② **busques**：動詞 buscar の vos（tú）に対する否定命令形．否定命令形は接続法の活用になる．綴り字の変化に注意．

③ **nada más**：más は比較を表す．比較の対象は que で示す．más の前に置かれた nada は「何もない」という程度の意味．

④ **me voy**：再帰動詞 irse の現在形．irse は「その場から立ち去る」の意味．

⑤ **lo último**：中性の定冠詞 lo は形容詞に前置されて抽象名詞を作る．

⑥ **eras vos**：広大なスペイン語圏の中には tú に換えて二人称の代名詞に vos が用いられる地域が少なからずある．この言語現象を voseo と言う．その代表格がアルゼンチンやウルグアイのラ・プラタ流域．この地方の voseo の特徴は動詞の現在形と肯定命令形の活用が独自なことである．過去形はここに見られるように，他地域の tú に対応する活用と同じ．

⑦ **llegaste a pertenecer**：llegar a ＋不定詞で，「……するにいたる」の意．

⑧ **sos**：動詞 ser の現在形，vos に対応する形．ラ・プラタの voseo の活用形は，このように，vosotros の活用からアクセントのない i が脱落した形になる．sois → sos，他に amar: amás, querer: querés, salir: salís.

『スール　その先は……愛』について

　自身軍事政権から逃れるためにフランスに亡命したソラナスは，そこで撮った『タンゴ　ガルデルの亡命』(1985)でパリの亡命者を描いて高い評価を受けた．残念ながら本書に収録できなかったこの映画はまた，タンゴの改革者アストル・ピアソラを音楽に起用して，映画音楽家としての彼の名声をも確立させるのに一役買った．ソラナスにとってもピアソラにとっても記念すべき作品だ．

　ピアソラとのコンビで2本目に撮った本作『スール　その先は……愛』はまた，ソラナスが亡命を終えてアルゼンチンに帰国して撮った第1作でもある．フロレアルの過去を求めての旅には監督自身の過去へのまなざしが投影されていると言えるかもしれない．

　軍事政権によって逮捕され，場合によっては不当に処刑されてしまった人々は行方不明者desaparecidosと呼ばれる．彼らを巡って作られた映画は他にもある．そんな軍事独裁と行方不明者を巡る他の映画に比べて『スール』が持つ独自性は，愛，とりわけ不実を含む夫婦の愛をテーマにしていることと音楽の使い方，幻想と現実が錯綜するその語り口にある．社会問題をすぐれた芸術作品に仕上げて傑出している．

　鉄道のガードのようなもの越しに夜のカフェ・スールの佇まいを望むオープニングは，橋の下から隣の橋を望む『タンゴ』のオープニングを想起させる．そこに俳優としても参加するロベルト・ゴジェネチェの歌う「スール」が流れて哀切を極める．印象的な始まり方だ．

　一方，地上に散乱しては時々風に舞うおびただしい数の紙くずも，負けず劣らず印象的だ．紙は常に夜の道路に散乱しているが，エミリオたちが訪れた開発局のビルの床にも同様に散乱しているのを見ると，これが書類，すなわち官僚仕事に対する痛烈な皮肉にもなっていることがうかがわれる．カンヌ国際映画祭監督賞を受賞した巧みな語り口だ．

9

スール　その先は……愛

10 ベルエポック
Belle Époque

フェルナンド・トゥルエバ監督

▶ **製作総指揮**◎アンドレス・ビセンテ・ゴメス
▶ **脚本**◎ラファエル・アスコーナ
▶ **撮影**◎ホセ・ルイス・アルカイネ
▶ **音楽**◎アントワーヌ・デュアメル
▶ **出演**◎ホルヘ・サンス, フェルナンド・フェルナン＝ゴメス, ミリアム・ディアス＝
アロカ, アリアドナ・ヒル, マリベル・ベルドゥー, ペネロペ・クルス他
▶ **製作年等**◎1992 年, スペイン, フランス, ポルトガル, 109 分

ストーリー

　　　　　　　　1931 年の共和制成立前後の時代，軍を脱走したフェ
ルナンド（サンス）は田舎町で画家のマノロ（フェルナ
ン＝ゴメス）と知り合い，彼の家に泊めてもらう．
翌日マドリードへ旅立とうとするが，入れ違いでやっ
て来たマノロの美しい4人の娘たちに心奪われ，結局居残ることにす
る．若くてハンサム，料理もうまいフェルナンドは4人姉妹にも大人
気だ．

　この地で夫を亡くした傷心の長女クララ（ディアス＝アロカ），男と
して育てられて，どうやら男には興味がないらしい次女のビオレタ
（ヒル），婚約者がいるけれども，その彼がマザコンで反動，どうにも
情けないので態度を決めかねている三女のロシーオ（ベルドゥー），フ
ェルナンドは3人の娘と次々と関係を持ってしまう．でも実は四女の
ルス（クルス）こそが彼を愛していた．ツアーから戻ったサルスエラ
歌手の母アマリア（マリ・カルメン・ラミレス）の計らいでふたりは
結婚することになった．

Partir es morir un poco, ha dicho el poeta. Pero yo creo que es al revés, que el que se muere del todo es el que se queda.

◎　◎　◎

　出発することは少しばかり死ぬことだ，そう詩人は言った．しかし私は逆だと思う．すっかり死んでしまうのは居残る者の方なのだ．

セリフの背景

　それぞれに美しく奔放な4人姉妹と純情な青年が織りなす恋模様を描いた本作には，軽妙で笑いを誘うシーンやセリフも多い．こういう姉妹を生み育てただけあって，画家マノロとその妻でサルスエラ歌手（サルスエラはスペイン独自のオペレッタ）アマリアの夫婦は個性的で，娘たちの物語に負けず劣らずおもしろみを醸し出している．何しろアマリアの興業主としてツアーについているのは夫も公認の愛人ダングラール（ミシェル・ガラブリュ）で，その愛人は夫に対して当然の権利のように焼き餅を焼いている．妻を巡るふたりのやりとりは何やらおかしくて笑いを誘う．

　マノロは娘たちとも隠しだてのないフランクな関係を結んでいる．男に興味がないらしいビオレタの性向も知っている．だが，そんなビオレタと結婚したいとフェルナンドが言い出した時には，「娘婿をひとり得て友をひとり失う」Gano un yerno y pierdo un amigo と気の利いた言葉で花嫁の父としての感慨を漏らす．ここで取り上げたこのセリフも新婚旅行に旅立つ花嫁の父の心境を映し出すもの．最終シーンのセリフで，もともと脚本完成稿ではマノロひとりが発するはずだったのだが，実際の映画では前半部を興業主ダングラールが言っている．旅立つダングラールと居残るマノロの掛け合いで，より説得力を増して

いる.

　ところで，この「詩人」el poeta とは誰のことだろうか？　セリフの中には聖書やトーマス・マンなどの文物からの引用がちりばめられている．脚本を担当したラファエル・アスコーナの文学趣味の反映だろうか．そんな中で詩人と呼ばれているのは作家ミゲル・デ・ウナムーノ（1864 - 1936）だが（「ウナムーノは詩人であって思想家ではない」Unamuno es un poeta, no un pensador），彼からの引用なのだろうか？「旅立つことは少し死ぬことだ」などと，いかにもウナムーノの言いそうな言葉ではあるが，残念ながら，確認はできていない．

　ウナムーノ以外にも，この時代のスペインの雰囲気を伝える作家たちの名が散見される．ウナムーノの名を引き出すきっかけとなったのは，オルテガやグレゴリオ・マラニョンといった，いずれも当代を代表する知識人たちによる共和国支持の宣言だった．このテクストの引用が映画の時代背景を語ってリアリティを付与している．

---

① **partir**：動詞の不定詞は名詞の働きをする．「出発すること」．ここではこれが次の es の主語になっている．
② **ha dicho**：動詞 decir の現在完了形．現在完了形は haber の現在形＋過去分詞で作られる．decir の過去分詞は不規則な形，dicho．ここでの主語は el poeta．語順に注意．
③ **al revés**：「逆に，の」の意．
④ **que el que**：最初の que は接続詞．creo に続く．el que は先行詞を含む関係代名詞「……する者」の意．
⑤ **se muere del todo**：se muere は morirse の現在形．強調の意の再帰動詞．del todo は「すっかり」，「完全に」の意．最初の文章の un poco との対比．
⑥ **se queda**：動詞 quedarse の現在形．「居残る」の意．

『ベルエポック』について

　原題の「ベルエポック」belle époque はフランス語．様々な言語で既に定着している「美しい時代」を意味する句だが，文化史の文脈では第一次世界大戦くらいまでのモダンの芸術が花開いたパリの様子を指す語．大戦後の20年代30年代も文化芸術は爛熟を極め，パリに限らず多くの都市・国でモダニズムは花開いた．この頃もまたそれぞれの「ベル・エポック」と言っていいかもしれない．

　映画はまさにそんな時代背景を持つ．スペイン独自の事情としては，共和制の成立がある．この共和制が挫折して内線が勃発する．スペイン内戦（1936-39）を描いた映画は少なくないし，本書でもいくつか取り上げているが，これはそのひとつ前の時代，内戦のいわば遠因の時代を扱った作品と言える．セリフのページで挙げた作家たちの名前なども含め，細かい時代背景の解説が必要だろう．カトリックの保守派と共和派の二大勢力に引き裂かれる登場人物たちも，背景を知ることによって深く理解できるに違いないが，残念ながらここで詳しく述べる紙幅はない．

　監督のフェルナンド・トゥルエバはこの作品で『禁断のつぼみ』 El sueño del mono loco（1989）に次いで2度目のゴヤ賞（スペイン国内最大の映画賞）監督賞を受賞．監督としての評価を確立した．他にニューヨークのラテンジャズ・ミュージシャンたちのドキュメンタリー『カジェ54』Calle 54（2000）やセルバンテス賞作家フアン・マルセーの小説を映画化した『上海の呪い』El embrujo de Shanghai（2002）などがある．

　純情可憐な四女ルスを演じて清新なペネロペ・クルスは同年に製作されたビガス・ルナ『ハモン・ハモン』Jamón, jamón（1992）に続いてこれが映画出演2本目．いずれも製作はアンドレス・ビセンテ・ゴメス．ゴヤ賞主要9部門を受賞しアカデミー賞外国映画賞にも輝いた本作が，彼女の人気女優としての経歴への足がかりとなった．

ベルエポック

⑪ ラテンアメリカ 光と影の詩

El viaje

フェルナンド・E・ソラナス監督

- ▶**製作**◎エンバール・エル・カドリ
- ▶**脚本**◎フェルナンド・E・ソラナス
- ▶**撮影**◎フェリックス・モンティ
- ▶**音楽**◎エグベルト・ジスモンティ, アストル・ピアソラ, フェルナンド・E・ソラナス
- ▶**出演**◎ワルテル・キロス, ドミニク・サンダ, マルク・ベルマン, フスト・マルティネス, キコ・メンディベ他
- ▶**製作年等**◎1992 年, アルゼンチン, フランス, 133 分

ストーリー　マゼラン海峡の先にある南端の島フエゴ島に再婚した母の家族と住む高校生マルティン（キロス）は，地質学者でありコミック（字幕では童話）作家でもある実父のニコラス（ベルマン）の手紙やコミックを頼りに，彼を探して自転車で南米縦断の旅に出る．水浸しの街ブエノスアイレスでは水に浮かぶ祖父の柩に出会い，祖母からは父がブラジル人人類学者（字幕では考古学者）と結婚してそこに住んでいると教えられた．途中，ペルーで自転車を盗まれながらも，マルティンはブラジルに着く．するとそこでは父が再び離婚してメキシコに移ったと伝えられる．結局，マルティンの旅は南米縦断どころか，中米をも突っ切ってメキシコまで至る，ラテンアメリカ全土の旅になるのだった．途中，危ない目に遭いながらも，父の創作した人物アメリコ・インコンクルーソ（メンディベ）のトラックに乗せてもらって，マルティンは父に会いに行く．

写真協力：㈶川喜多記念映画文化財団

¡Cuántas muertes tenemos que sufrir para que nos respeten! Pero, ¿sabes una cosa, muchacho? ¡Cuánto hemos aprendido! Ya no será como antes, ni para ellos ni para nosotros.

◎　◎　◎

どれだけの死に耐え抜けば俺たちは尊敬されるようになるんだ！　でも知ってるかい？　俺たちだってずいぶんたくさん学んだんだぜ！　もう以前のようにはいかない，やつらにとっても，俺たちにとってもな．

ラテンアメリカ　光と影の詩

セリフの背景

　パタゴニアからブエノスアイレスに向かうマルティンを拾ってトラックに乗せたのが，父の書いたコミック（もしくはマンガ）の登場人物であったはずの黒人運転手アメリコ・インコンクルーソだった．いったんはマルティンとは別の旅路をたどるが，彼はブラジルからメキシコに向かう途中のマルティンの前にも姿を現す．マルティンが荷台に乗っていたトラックが山賊に襲われ，命からがら逃げ出したところへやって来て助けるのだ．しかもペルーで盗まれたはずの彼の自転車までも持っていた．

　山賊による虐殺に遭遇したことを語るマルティンに対し，アメリコは自分も多くの虐殺を見てきたと返す．しかしパナマのものほどひどい虐殺はなかったと．おそらく，1989年12月の，当時同国の統治者だったノリエガ将軍の討伐を目的とした，アメリカ合衆国によるパナマ侵攻のことに言及しているのだろう．この大虐殺の話に，マルティンは驚愕の表情だ．それに対しアメリコが言ったのが，このセリフ．

　ニカラグアの革命家サンディーノの暗殺（1934）も目撃したと語るアメリコは，南北アメリカの歴史の証言者のようだ．アメリコ（アメ

49

リカの男性形）などという名なのだからアメリカそのものに違いない．「どれだけの死を耐え抜けば……」とのセリフは歴史を背負っていて重い．一方で，セリフの後半はいつまでも虐げられたままではいないという強い意志と，未来への希望を感じさせる発話だ．こんな希望に支えられているから，アメリコはあくまでも陽気だ．インコンクルーソ Inconcluso という彼の姓は「未完の」の意味だ．未完ゆえの将来への希望が表明されている．この直後の鼻歌は，「俺が死んだ日には，吟遊詩人も終わる……」El día que yo me muera, se acaban los trovadores… という歌詞．最初にマルティンに会った時から歌っていたこの歌は，おそらく，タンゴの名歌手カルロス・ガルデルがヒットさせた「想い届く日」El día que me quieras（「お前が俺を愛してくれる日」の意）の替え歌だろう．

---

① **cuántas**：疑問詞 cuánto の女性複数形．疑問詞はまた感嘆文に使われる．これは感嘆文．

② **para que**：次に接続法の動詞を従えて目的の意を表す．「……するために」「……するように」

③ **respeten**：動詞 respetar の接続法現在の活用形．三人称複数の主語に対応する．この場合の主語は人間一般を指す．「俺たち」以外の人．

④ **cuánto**：上記 cuántas と同様，感嘆文を作る疑問詞．不可算のもの，抽象的な知識内容のことなので，ここでは性数変化はない．また感嘆文は「何と……！」という意味だと解説する教科書なども多いかもしれないが，これは日本語では不自然に響く．感嘆文とは，要するに強調だ．

⑤ **hemos aprendido**：動詞 aprender の現在完了形．nosotros に対する活用．

⑥ **será**：動詞 ser の未来形．三人称単数．推量，意志などを表す．

⑦ **ni**：否定を繰り返す時に使われる．「……も，……も〜ない」．

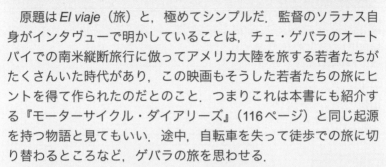

『ラテンアメリカ　光と影の詩』について

　原題は *El viaje*（旅）と，極めてシンプルだ．監督のソラナス自身がインタヴューで明かしていることは，チェ・ゲバラのオートバイでの南米縦断旅行に倣ってアメリカ大陸を旅する若者たちがたくさんいた時代があり，この映画もそうした若者たちの旅にヒントを得て作られたのだとのこと．つまりこれは本書にも紹介する『モーターサイクル・ダイアリーズ』（116ページ）と同じ起源を持つ物語と見てもいい．途中，自転車を失って徒歩での旅に切り替わるところなど，ゲバラの旅を思わせる．

　だがもちろん，チェ・ゲバラの旅行記の映画化ではなく，あくまでもオリジナルの物語である本作は，脚本，監督，そして音楽まで担当したソラナス色の強いものになっている．雪の降る教室，洪水のブエノスアイレス，脚ヒレをつけたラナ大統領（Ranaはカエルの意），緊縮財政を示す拘束衣に手脚をがんじがらめにされたブラジル人など，独特の諧謔が映画を面白くしている．セリフのページで紹介したアメリコ・インコンクルーソを始めとする人物の名前は，映画に第二の意味を付与している．それにしても，マルティンの姓がヌンカNunca（「決して……ない」の意）であるところは皮肉だ．ここにも諧謔が見られる．

　音楽は『タンゴ　ガルデルの亡命』，『スール　その先は……愛』（40ページ）に続いて，アストル・ピアソラ．ただしピアソラ自身は病床にいて，この映画の公開後に亡くなる．それを補うためにソラナス自身も音楽スタッフに名を連ねている．この多才な監督の作詞・作曲した曲を歌うのが，アルゼンチンのロックスター，フィト・パエス．『スール』にも出演していたが，本作ではマルティンの友人パブロとして，前回よりも大きな役を務めている．教室内に降る雪に苛まれる高校生姿が初々しい．後に自らメガフォンをとるパエスの映画人としての原点というべきか？　1992年カンヌ国際映画祭高等技術委員賞．

11

ラテンアメリカ　光と影の詩

51

12 苺とチョコレート
Fresa y chocolate

トマス・グティエレス＝アレア監督
フアン・カルロス・タビオ監督

▶**製作**◎ミゲル・メンドサ
▶**原作・脚本**◎セネル・パス
▶**撮影**◎マリオ・ガルシア・ホヤ
▶**音楽**◎ホセ・マリア・ビティエール
▶**出演**◎ホルヘ・ペルゴリア, ウラディミール・クルス, ミルタ・イバーラ, フランシスコ・ガットルノ, ヨエル・アンヘリノ他
▶**製作年等**◎1993 年, キューバ, メキシコ, スペイン, 110 分

ストーリー

　ハバナ大学の学生ダビド（クルス）とホモセクシュアルの青年ディエゴ（ペルゴリア）の友情の物語．文学青年だけれども政治学専攻のダビドは，革命青年同盟のメンバーでもある．キューバにおける体制派だ．一方，芸術関係の仕事をする民主派のディエゴは，体制にとっては必ずしも都合の良くない存在．最初のうちは平行線をたどるふたりの会話も，アパートの隣人ナンシー（イバーラ）を交えながら，少しずつかみ合うようになっていく．ディエゴは「レサマ＝リマ式昼餐」というものにダビドを誘い，彼に芸術の手ほどきをする．同時に，失恋して傷心のダビドと自殺未遂を繰り返し不安定なナンシーが結ばれるようにと配慮する．

　反体制派で性的マイノリティーでありながらも，キューバを愛することにかけて人後に落ちないディエゴだったけれども，芸術のキュレーター活動が自由にできず，身の危険も感じるようになり，結局，国を出る決意をする．

写真協力：㈶川喜多記念映画文化財団

Ríanse de mí, ríanse. Yo también me río de ustedes. Formo parte de este país, aunque no les guste. Y tengo derecho a hacer cosas por él. De aquí no me voy ni aunque me peguen candela por el culo. Sin mí faltaría un pedazo, para que te enteres, ¡comemierda!

◎　◎　◎

　ボクのことを笑いたければ笑えばいいんだ．ボクだって君たちのことを笑い飛ばしてやる．たとえ君たちの気に入らなかったとしても，ボクだってこの国の一部だ．だから国のためにいろいろとやる権利はある．尻を叩かれたってここからは出て行かないぞ．ボクがいなくなればそれだけ損失になるんだからな．はっきり言っておくぞ，くそったれ！

12

苺とチョコレート

セリフの背景　　　　ダビドが三度目にディエゴの家を訪れた時の会話におけるディエゴのセリフ．教条的なほどの体制派でホモセクシュアルに警戒心も抱くダビドを，最初ディエゴはだますようにしてアパートに引きずり込む．二度目で少しは打ち解けたものの，ダビドの不信感は消えなかった．三度目ではダビドは少し歩み寄りを見せるが，それだけによけいにディエゴがホモであることが解せない様子．「両親が悪かったんだ」などと非科学的なことを言うダビドに対し，ディエゴは「とても自然なことだ」と自分の性を説明する．それでもなお，「そんなんでは誰も君の言うことを信じてはくれない」と反論するダビドに対して，ディエゴが吐露した性的マイノリティとしての苦悩と決意のセリフが，これ．マイノリティであってもキューバを愛することにかけては誰にも負けないとの主張だ．国の一部だから国のために何かをする権利があるとの考えは示唆的だ．

① **ríanse** : 動詞 reírse の ustedes に対する命令形．笑う対象は de に続ける．再帰動詞の reírse は強調の意．

② **ustedes** : スペイン語圏のアメリカ（イスパノアメリカ）の国々では総じて vosotros は存在しない．それに対応する動詞の活用もない．tú / usted の区別はあるが，vosotros に代えて ustedes が使われる．

③ **formo parte** : formo は動詞 formar の現在形，一人称単数の活用形．formar parte で「形成する」，「一部である」の意味．

④ **aunque** : 次に接続法を従えると，譲歩の意．「たとえ……でも」

⑤ **no les guste** : les は a ustedes のこと．guste は接続法．aunque に呼応し，譲歩の意を表している．「君たちの気に入らなくても」

⑥ **tener derecho a** : 〜する権利がある．

⑦ **por él** : él は este país を受ける代名詞．por は「〜のために」．

⑧ **De aquí no me voy** : irse（me voy）は行く ir というよりは，その場から立ち去るという意味が強い．どこから立ち去るかは de で導く．

⑨ **peguen** : 動詞 pegar の接続法現在三人称複数形．一般人称の形．接続法は aunque に呼応している．譲歩の意．

⑩ **candela** : ろうそく．キューバにはこの語を使った表現が多い．ここでは攻撃，打擲（ちょうちゃく）の意．

⑪ **sin mí** : 前置詞句はそれだけで条件を作る．「ボクがいなければ」

⑫ **faltaría** : 動詞 faltar の直説法過去未来三人称単数形．主語は un pedazo.

⑬ **para que te enteres** : enterarse は「事情を知る」の意．言い聞かせる時などに多用する表現．

⑭ **comemierda** : comer ＋ mierda から成り立つ複合語．罵倒の言葉．

『苺とチョコレート』について

　原作はセネル・パスの中編『狼と森と新しい人間』*El lobo, el bosque y el hombre nuevo*（1991）．ただし，映画公開を受けて邦訳は映画と同じ『苺とチョコレート』（野谷文昭訳，集英社）として出版された．その後は *Fresa y chocolate* と題したスペイン語版も出ている．

　監督はトマス・グティエレス＝アレアだが，彼が体調を崩したため，フアン・カルロス・タビオとの共同監督という形でクランクアップした．結局グティエレス＝アレアはこの後，やはりタビオとの共同監督で『グワンタナメラ』（1995）を撮り，翌96年，死亡．

　キューバでは1970年代，革命政権下で，一部反体制作家たちの言論弾圧があった．弾圧された作家の中にはホモセクシュアルも多かった．そのことを考えると，20年後の93年にホモセクシュアルの芸術家とその亡命を取り上げたこうした映画が撮られるのだから，隔世の感を禁じ得ない．引用したセリフの前後も，イグナシオ・セルバンテスのピアノ曲に陶然と聴き惚れるダビドに対し，禁じられた欲望を感じるディエゴ，わかり合い始めたディエゴがホモセクシュアルであることを残念に思うダビド，そして彼の無理解に苛立つディエゴという感情のあやに基づくやりとりがなされており，直截的だ．

　このシーンは，ただセリフのやりとりがいいだけでなく，ディエゴの部屋の中の構図が美しく，忘れがたい箇所のひとつ．この少し後で，バルコニーからハバナの市街を見下ろしながら，倒壊しつつあるハバナの美しさをディエゴがダビドに説くシーンがある．そうした教えを受け，ダビドは新たな目をもって街を眺めるようになる．忘れがたい映像美をたたえている．

　1994年，ベルリン国際映画祭銀熊賞（審査員特別賞）他，多数受賞．

⑬ テシス 次に私が殺される
Tesis

アレハンドロ・アメナーバル監督

▶**製作**◎ホセ・ルイス・クエルダ
▶**脚本**◎アレハンドロ・アメナーバル
▶**撮影**◎ハンス・ブルマン
▶**音楽**◎マリアーノ・マリン
▶**出演**◎アナ・トレント, フェレ・マルティネス, エドワルド・ノリエガ, ハビエル・エロリアーガ, ミゲル・ピカソ他
▶**製作年等**◎1996 年, スペイン, 124 分

ストーリー

　大学のコミュニケーション学部で「映像における暴力」というテーマで卒論を執筆中のアンヘラ（トレント）は, 指導教授のフィゲロア（ピカソ）の死の現場から, 彼がショック死する原因になったビデオを持ち去る. 同じ授業を取っていた残酷映像マニアのチェマ（マルティネス）とそれを見てみると, 残酷な殺人シーンの映像が流れてきた. 数年前に失踪した学生が被害者だった. 身近で起こった猟奇殺人事件だったのだ.

　フィゲロアに代わってアンヘラを指導することになったカストロ教授（エロリアーガ）はフィゲロアの死の現場から持ち去ったビデオを返せとアンヘラに迫る. 学内で知り合ったハンサムな青年ボスコ（ノリエガ）にも怪しく迫られ, アンヘラは再三, 身の危険を感じる. ついにはカストロに追い詰められ, チェマに助けられたアンヘラだが, しかし, チェマに対する不信感もぬぐえない. ボスコの別荘でついに決定的証拠を見つけたアンヘラは, 今度こそ絶体絶命の危機に立たされる.

写真協力:
㈶川喜多記念映画文化財団

Pues, porque la violencia es algo cotidiano en el cine y en la televisión. Y nos estamos acostumbrando demasiado a ella.

◎　◎　◎

　そうですね，暴力は映画やテレビでは日常茶飯事になっているからです．しかも私たちはそれにあまりにも慣れっこになりつつあります．

セリフの背景　　死亡したフィゲロア教授に成り代わり，アンヘラの卒論を指導することになったカストロ教授から論文の草稿について指導すると呼び出されたアンヘラが，「なぜ暴力に興味を？」¿Por qué te interesa la violencia? との質問に答えて発したのがこのセリフ．だから暴力を否定するのかとのカストロ教授からのたたみかけるような質問に対して，否定すると答えると，カストロは「だが暴力はわれわれ全員が生まれつき持っているものでもある．映画の検閲ばかりしてもいられない」Pero la violencia es también algo innato en todos nosotros. No podemos estar siempre censurando las películas と反論する．どちらも正論だが，同時にこれは，現実の暴力を写したビデオを取り返したいカストロが，アンヘラの腹を探った言葉でもある．息詰まるやりとりだ．

　カストロは映画はビジネスだと主張して，登場直後から怪しさを漂わせている．この直後も「作り手は自分のやることに意識的でないといけない」El realizador debe ser consciente de lo que hace と正論を唱えるアンヘラに対して，「作り手は観客に求められること以外をやってはならない」El realizador no debe hacer otra cosa que lo que el público le pide との意見を押しつけて威圧感を発揮する．

　映画の観客やチェマはそろそろこの教授が猟奇殺人事件に関与して

テシス　次に私が殺される

13

いるかもしれないという疑念を持ち始めているが，アンヘラはまだその疑いを抱いていない．しかしこうした息詰まるやりとりから，彼女の中でも少しずつ疑いが芽吹きつつあるようだ．直後，チェマからの電話でカストロの正体を知らされ，アンヘラは必死で逃げるのだった．

写真協力：(財)川喜多記念映画文化財団

　こういった心理戦に限らず，『テシス』のセリフのやりとりは，人間関係の機微をとらえて絶妙なものが多い．とりわけ疑心暗鬼と恐怖に基づくセリフの数々が物語の展開にリズムをつける．

　セリフのやりとりの緊迫感を増す効果を上げているのが，登場人物の視点のとらえ方だ．大学のカフェテリアで見つめ合い，睨み合い，ついにはチェマがアンヘラに自分のビデオを見せる約束をするシーンは，とりわけ印象的．遠く離れた席で，それぞれにヘッドフォンステレオで音楽を聴くふたりの目が合い，視線で会話を交わすシーンだ．視点がアンヘラにすえられる時にはバロック音楽が，チェマに切り替わった時にはヘヴィメタルが流れ，ふたりの趣味の違いをも同時に観客に知らせる機能も果たしており，巧みだ．

文法の
ポイント

① **porque**：接続詞．理由説明の意．「なぜならば」．疑問詞の por qué との差に注意．
② **algo cotidiano**：algo は「何か」．「日常的な何ものか」ということ．
③ **nos estamos acostumbrando**：動詞acostumbrarseの現在進行形．nosotros が主語．再帰代名詞nosの位置は活用した動詞（estamos）の前か，現在分詞に後置されて一語を作るか，いずれでも可．つまり，estamos acostumbrándonos でも可．
④ **ella**：女性単数の名詞を受ける代名詞．必ずしも人間のこと（「彼女」）とは限らない．ここでは「暴力」．

　アレハンドロ・アメナーバルはこれが長編第1作となる新鋭だった．23歳の若さにしてゴヤ賞作品賞受賞の快挙を達成し，一気にスペイン映画の次代を担う存在として注目を浴びた．製作のホセ・ルイス・クエルダは後に『蝶の舌』（68ページ）の監督を務めた際，アメナーバルを音楽担当のスタッフに起用している．アメナーバルの才能の可能性を引き出している人物のひとりがクエルダだと言っていいだろう．『テシス』のストーリーの原案にはアメナーバル自身とマテオ・ヒルの名が挙がっている．アメナーバルの次回作『オープン・ユア・アイズ』（64ページ）では脚本にも参加しているヒルは，『パズル』Nadie conoce a nadie（1999）で監督を務めている．ここにもアメナーバルが音楽として参加している．

　ちなみに，『パズル』の主演はエドワルド・ノリエガ．本作『テシス』で猟奇殺人犯でありながらアンヘラを魅了もする怪しいハンサム青年を演じたノリエガは，次回作『オープン・ユア・アイズ』では主役を務めた．その後フランス映画『ノボ』Novo（ジャン＝ピエール・リモザン監督，2002）などにも主演して活躍の場を広げたノリエガは，アメナーバルとともにその地位を確立した俳優と言っていいだろう．チェマ役のフェレ・マルティネスも『オープン・ユア・アイズ』にも出演して好印象を残した．しかし，何と言っても俳優陣で特筆すべきはアナ・トレント．本書でも取り上げたビクトル・エリセ『ミツバチのささやき』（20ページ）で鮮烈な印象を残した子役が，日本のスクリーンにはハビエル・エロリエータ『地と砂』Sangre y arena（1989）以来の登場となった．もちろん，たまたま日本公開されなかっただけで，トレントはこの間もフリオ・メデム『雌牛たち』Vacas（1992）などの作品に出演し，女優としてのキャリアを積み重ねてきた．

13

テシス　次に私が殺される

14 情熱の処女(おとめ)
スペインの宝石
La Celestina

ヘラルド・ベラ監督

▶**製作**◎アンドレス・ビセンテ・ゴメス
▶**原作**◎フェルナンド・デ・ロハス
▶**脚本**◎ラファエル・アスコーナ, ヘラルド・ベラ, フランシスコ・リコ
▶**撮影**◎ホセ・ルイス・ロペス＝リナーレス
▶**出演**◎ペネロペ・クルス, ディエゴ・ボット, テレーレ・パベス, マリベル・ベルドゥー, ナチョ・ノボ, ジョルディ・モリャ他
▶**製作年等**◎1996年, スペイン, 93分

ストーリー

騎士カリスト（ボット）は教会でメリベア（クルス）を見初め夢中になる．彼女からつれなくされて悩むカリストに，下男のセンプロニオ（ノボ）がセレスティーナ（パベス）という売春宿の女将のまじないが恋には効果てきめんと勧める．もうひとりの下男パルメノ（モリャ）は逆に手を引くようにと進言する．そんな彼にアレウーサ（ベルドゥー）をあてがって懐柔したセレスティーナはメリベアに魔法をかけ，ふたりの恋を成就させる．ふたりは毎晩，メリベアの家で逢い引きする．

報酬をセレスティーナがひとり占めすることに怒ったふたりの下男は彼女を殺害，処刑される．セレスティーナの復習にとアレウーサはカリスト一行を陥れる．カリストは塀から転落して死亡，メリベアも希望をなくして屋敷の屋上から飛び降りる．父親は涙の谷valle de lágrimasに残されたと嘆く．

Tan poco tiempo poseído el placer, tan presto venido el dolor. ¿Cómo no me di cuenta de lo que tenía? ¿Por qué no disfruté más de esta gloria?.

◎　◎　◎

喜びを所有した時間はこんなに短く，痛みはこんなにも早くやって来た．**自分がどれだけ幸せか気づかなかったとはどういうこと？　なぜもっとこの栄光を楽しまなかったの？**

セリフの背景

逢い引きの最中に塀の外で起きた騒ぎを見て，家来たちを助けなければと焦って転落死したカリストを嘆き，メリベアが発したセリフ．

　この作品はスペイン古典文学を代表する作品の映画化なので，セリフにはところどころに原作の味が活かされている．味が活かされているというのは，原作のセリフがそのまま使われているという意味ではない．このセリフも，原文のニュアンスを活かしながら，現代風に書き換えたものとなっている．現代風に書き換えたというだけでなく，もっと長々と展開される原文のセリフを，映画に合わせてだいぶカットしている．原作のセリフのうち，このセリフに対応する部分だけを，綴り字も現在風に書き換えて記すと，¡Tan tarde alcanzado el placer, tan presto venido el dolor! (...)¿Cómo no gocé más del gozo? ¿Cómo tuve tan poco la gloria, ...? （快楽はかくも遅く到来し，痛みはかくも早くやって来た．〔略〕喜びをなぜもっと享受しなかったのか？　栄光がなぜこうも少ないのか？）となる．こうして嘆いたメリベアは両親の制止もきかず屋敷の塔に上り，投身自殺する．それを嘆く父親の「涙の谷」に取り残されたというセリフは原作において有名なフレーズ．

恋愛の物語はしばしば結婚制度（ということは，教会の権威）に反するものとして描かれた．この作品もその例外ではない．冒頭，教会でメリベアを見かけて一目惚れしたカリストは，その情熱がキリスト教に反するととがめられ，キリストを信じないのかと問われると，「私はメリベアを信じる」Yo creo en Melibea と答えている．反教会的だ．対抗宗教改革の頃のカトリックの牙城スペインで書かれた原作の特異さがわかる．

　反教会的，反キリスト教的ということは，現世的だということだ．売春宿の女将（やり手婆という）がまじないや手練手管の限りをつくしていくつもの男女の仲を取り持つ，あけすけな愛と性の謳歌の観を呈するこの映画のクライマックスに，神の栄光 gloria とは異なる栄光，自分の持てるもの lo que tenía を享受しなかったことを悔やむセリフが来るのだから，これもやはり現世的な肉体の愛の賛歌と言えよう．

---

① **poseído**：動詞 poseer の過去分詞．el placer を形容している．いわゆる分詞構文のように意味の区切りを作っている．

② **presto**：雅語．原作にも使われているこうした古い語を採用することによってセリフに格式と悲劇性とを付与している．

③ **venido**：動詞 venir の過去分詞．前半の poseído 同様，分詞構文的用法．

④ **cómo**：疑問詞．様態や理由などを問う．次の por qué はこれを言い換えたもの．

⑤ **me di cuenta**：darse cuenta は「気づく」の意の熟語．気づく内容は de で示す．me di は darse の点過去形．

⑥ **lo que tenía**：lo que は先行詞を含む関係代名詞．tenía は動詞 tener の線過去形．主語は yo．「私が持っていたもの」．つまり目の前にある幸せ．

⑦ **disfruté**：動詞 disfrutar の点過去形．「楽しむ」．前置詞 de を従える．

『情熱の処女　スペインの宝石』について

　原題は *La Celestina*，映画に出てくるやり手婆または魔女の名だ．原作はフェルナンド・デ・ロハスによる戯曲形式の小説『カリストとメリベアの悲喜劇』*Tragicomedia de Calisto y Melibea*（1499またはそれ以前）．この古典的文学作品が『ラ・セレスティーナ』の通称で知られていて，映画原題はこれを踏襲したもの．原作もこのタイトルで翻訳がある．『ラ・セレスティーナ』（杉浦勉訳，国書刊行会ほか）．DVDソフトは「スペイン版『ロミオとジュリエット』」と謳っているが，これはもちろん，順序が逆．『ロミオとジュリエット』（1595）は『ラ・セレスティーナ』より百年ばかりも後の作品だ．こうした古典大作の映画化だけあって，脚色および脚本にはベラだけでなく，大物脚本家ラファエル・アスコーナに，古典文学研究の大家フランシスコ・リコまでが参加している．

　監督のヘラルド・ベラは舞台などで活躍するほか，映画ではハビエル・バルデム主演の『第二の皮膚』*Segunda piel*（1999）などを撮っている．カルロス・サウラ『恋は魔術師』*El amor brujo*（1985）には衣装として参加している多才な人物．本作でもソニア・グランデとともに衣装を担当している．トレードやグワダラハラでロケした本作はセレスティーナの屋敷などの建物も見物であるが，負けず劣らず衣装がきらびやかだ．冒頭のミサ後の街の場面を彩る音楽は，ホアキン・ロドリゴの「ある貴紳のための幻想曲」．古典の大作に添えるのにスペインを代表する作曲家の名曲をもってした，珠玉に珠玉を重ね，日本語副題に添えられたように，まさに「スペインの宝石」を提示しようとの意図が感じられる．

　日本では劇場未公開だったが，主役のペネロペ・クルス人気にあやかり，ＤＶＤソフト化された．投身自殺する直前のクルスのしぐさは『オープン・ユア・アイズ』（64ページ）のベッドシーンを彷彿とさせ，官能的だ．

14

情熱の処女　スペインの宝石

63

オープン・ユア・アイズ
Abre los ojos

アレハンドロ・アメナーバル監督

▶**製作**◎ホセ・ルイス・クエルダ
▶**製作総指揮**◎フェルナンド・ボバイラ, ホセ・ルイス・クエルダ
▶**脚本**◎アレハンドロ・アメナーバル, マテオ・ヒル
▶**撮影**◎ハンス・ブルマン
▶**出演**◎エドワルド・ノリエガ, ペネロペ・クルス, チェテ・レーラ, フェレ・マルティネス, ナイワ・ニムリ, ジェラール・バレー他
▶**製作年等**◎1997 年, スペイン, 117 分

ストーリー

　親の遺産を受け継いで何不自由なく暮らすハンサムな青年セサル（ノリエガ）は，自宅で開いた誕生日のパーティーで，美しい女性ソフィア（クルス）と知り合い，恋に落ちる．ふたりの関係に嫉妬した元恋人ヌリア（ニムリ）がドライブ中に無理心中を図り，ヌリアは死に，セサルは命こそ助かったものの，顔がつぶれる大けがを負う．マスクで顔を覆ったセサルは，ソフィアの気持ちが親友ペラーヨ（マルティネス）に傾いていることを知り，自暴自棄に．酔って路上に眠り込む．

　目が覚めてからのセサルの生活は，しかし，一変する．ソフィアとのよりは戻り，顔も復元手術で元通りに．ところがある朝ソフィアはヌリアに変わっていて，パニックに陥ったセサルは彼女を殴ってしまう．

　精神病棟に収監されてアントニオ（レーラ）の治療を受けるうちにセサルは，人間の肉体を冷凍保存する業者デュベルノワ（バレー）のことを思い出し，彼の会社L. E. に出向く．

> ## Los sueños no se descubren hasta que uno despierte.
>
> ◎　◎　◎
>
> 夢なんて目覚めてはじめてそれとわかるものだ.

セリフの背景　無理心中未遂でいったんは絶望の淵に追い込まれたセサルの人生が一転, 顔の手術は成功して元通りのハンサムな青年に戻った. ソフィアとの関係も正常化したし, 横恋慕していたペラーヨとも仲直りした, すべては順風満帆だった. ところがある晩, 隣に寝ていたはずのソフィアはヌリアに入れ替わっていた. 悪夢の再開だった. 警察に通報するが, 警官はあの女性こそがソフィアで, ヌリアなどという人物は存在しないと言い張る. ペラーヨもまた, ふたりで撮った写真を突きつけて, あれがソフィアだと言った. 混乱したセサルはひとりバーで酒を飲んでいた. そこにある男が現れ, すべては夢だと説いた. 夢ではないと反発するセサルに対して, その男が発したのがこのセリフ.

　その男というのが, 肉体の冷凍保存を行う会社 L. E. (Life Extension) のマドリード支社長デュベルノワ. セサルの経験する悪夢の謎が解き明かされ始めるシークエンスだ. セサルは「夢なんてこのことに比べればもっとずっとシンプルだ」Los sueños son mucho más simples que todo esto と叫ぶのだが, デュベルノワは「いいや, シンプルな夢なんてない」No, ningún sueño es simple と謎めいた言葉で応じる. バーでたむろして, セサルには注意を払っていないかのように思い思いに楽しんでいる客たちも, 実はセサルの夢の中の人物かもしれないじゃないかと. 混乱したセサルがみんなには黙って欲しいものだと呟くと, 一瞬にしてバーの中は静寂に包まれる. どうやら本当に, 何もかもがセサルの夢の中で, セサルの意志に従って起こっているできごとである

らしい．ますます混乱して本当のことを教えてくれと叫ぶセサルに，デュベルノワがクールに言い放つひと言が，背筋を凍らせる．「本当のことなど，君には耐えられないかもしれないよ」La verdad, puede que no la soportaras.

　夢と現実の境界の不確かさ，夢の複雑さ，現実の残忍さ，といった映画のテーマが一気に明るみになり，直接的な言葉のやりとりで展開されるのが，バーでのこのやりとりだが，こうしたやりとりを聞いた後で，直前の警察署のシーンでの警部の言葉を思い出すと，ますます背筋が寒くなるだろう．自分が殴ったのはソフィアでなくヌリアだと主張するセサルに，警部は言ったのだ．「あなたのおっしゃるその女性というのは，ただあなたの空想の中にしかいないんですよ」Esa chica de la que usted habla no existe más que en su imaginación.

---

① **se descubren**：再帰動詞 descubrirse の現在形．主語は los sueños．この場合の再帰動詞は受け身の用法．「発見される」，「発見」ということは「正体を明かす」ということ．つまり，夢が夢だとわかるということ．

② **hasta que**：「……まで」の意．次に接続法を従えると条件を表す意味合いが強くなるとされる．no との組み合わせられると，「……するまで〜しない」ということなので，「……してはじめて〜する」という意味合いになる．

③ **uno**：「ひとりの人間」の意．一般人称．

④ **despierte**：動詞 despertar の接続法現在形．主語は uno．「目覚める」の意だが，再帰動詞でも同様の意味．つまり，despertar には「目覚めさせる」という他動詞と「目覚める」という自動詞の用法がある．ここでは「目覚める」の意．

『オープン・ユア・アイズ』について

　ゴヤ賞作品賞の快挙『テシス』に続いて，若きアメナーバルが世に問い，1998年東京国際映画祭グランプリを受賞して，監督の名を世界に知らしめた作品．トム・クルーズがこれをいたく気に入り，リメイク権を取得，製作を買って出てキャメロン・クロウ監督で『バニラ・スカイ』 *Vanilla Sky*（2001）としてリメイクしたのはよく知られた話．トム・クルーズは公開時，「演劇は何度も再演されさまざまな解釈が成り立つのが普通だ．映画だって何度もリメイクされてもかまわないはず」と述べている．ふたつの作品を見比べてみるのも面白いだろう．

　トム・クルーズのイメージ・ショットのようなシーンを差し挟み，そこに協賛企業の看板やネオンサインを写し込ませるなどあざとさが目立ち，結局20分近くも上映時間の長くなった冗長なハリウッド版に比べ，オリジナルの『オープン・ユア・アイズ』は，余分な説明も少なく，スピーディーで，繰り返しの鑑賞に堪えるものになっている．

　映画の見せ方同様に差異が目立つのは，主人公の造形だ．これ見よがしなスポーツタイプのフェラーリに乗る『バニラ・スカイ』のデイヴィッドとは対照的に，セサルは年代物のフォルクスワーゲン・ゴルフ・コンヴァーティブルを愛し，三台も所有車がありながら，なぜこれにばかり乗るのかと友人ペラーヨにからかわれている．こうした贅沢と愛着がセサルの人格を雄弁に物語り，ソフィアへの愛とヌリアの嫉妬に説得力を与えている．車ひとつすら，映画にあっては重要な要素なのだ．

　また『オープン・ユア・アイズ』では，ソフィアとヌリアの区別がつかなくなり，錯乱したセサルが「共同経営者による陰謀」を口にするが，この「陰謀」についての説明が『バニラ・スカイ』では長く語られるように思われるのは，いかにもアメリカらしい解釈のゆえだろう．

オープン・ユア・アイズ

16 蝶の舌
La lengua de las mariposas

ホセ・ルイス・クエルダ監督

▶**製作**◎フェルナンド・ボバイラ, ホセ・ルイス・クエルダ
▶**原作**◎マヌエル・リバス
▶**脚本**◎ラファエル・アスコナ
▶**撮影**◎ハビエル・サルモーネス
▶**音楽**◎アレハンドロ・アメナーバル
▶**出演**◎フェルナンド・フェルナン=ゴメス, マヌエル・ロサーノ他
▶**製作年等**◎1999 年, スペイン, 96 分

ストーリー

　ガリシア地方の小さな町が舞台. 持病のぜんそくのために小学校の入学が遅れてしまったモンチョ（ロサーノ）が, 老教師ドン・グレゴリオ（フェルナン=ゴメス）の教えに魅了され, 自然や人間のあり方に興味を示すようになる. それにつれてクラス内に友人もでき, 陰湿ないじめにも立ち向かうだけの勇気も生まれてくる.

　そのようにモンチョはドン・グレゴリオとの触れ合いの中で成長していくが, そこへ, スペイン内戦が勃発する. 共和派のドン・グレゴリオは, その地域を制圧したフランコ派によって捕らえられ, 衆人監視の中, 収監されてしまう. 同じく共和派だったモンチョの父は, 敬虔なカトリックだった妻に促され, 収監される者たちを「無神論者」「アカ」と罵倒することで保身する. モンチョも促され, 護送用トラックに乗ったドン・グレゴリオに向けて叫ぶ.

Pues en secreto, ese infierno del más allá no existe. El odio, la crueldad, eso es el infierno. A veces, el infierno somos nosotros mismos.

◎　○　◎

じゃあ，秘密だぞ．向こう側の世界の地獄など，存在しないんだ．憎しみ，残酷さ，そういったものこそ地獄だ．時には地獄というのはわたしたち自身なのだよ．

セリフの背景　あるとき，学校外でドン・グレゴリオに出会ったモンチョが，「人は死んだら，……それでおしまいなの，それともおしまいじゃないの？」Cuando uno se muere, ... ¿él se muere o no se muere? と切実な問いを投げかける．それに対して老教師は，まず「家ではどう言っている？」と問い返す．モンチョは，「おかあさんは善人は天国に，悪人は地獄に行くと言ってる」と，そして「おとうさんは，最後の審判なんてものがあったら，金のある連中は弁護士を雇うだろうよ，と言ってる」として家庭内の意見の不一致を正直に告白する．「で，君はどう思うんだ？」とさらに問われ，ただ「ぼくは怖い」Yo tengo miedo と答えるだけのモンチョに対して，ドン・グレゴリオが自説を展開したのが，上のセリフ．

モンチョの両親の考えはそれぞれ，守旧派のカトリック信者と，唯物論者を多く含む共和派の対立の縮図となっている．内戦勃発前夜のスペイン社会を反映しているようである．

そんな対立の中で板挟みになったモンチョの疑問に答えるドン・グレゴリオは，人間の憎しみがこの世の生き地獄をつくり出すのだという洞察を展開する．内戦勃発後，石もて追われる身となる彼が，やがて引き受けることになる地獄を，自ら予言しているかのようだ．

文法の ポイント

① **pues**：語調を整えたり，軽く理由を説明したりするのに使われる接続詞．「ええと」，「さて」，「だって」などの意.

② **en secreto**：「秘密に」，「内密に」．これから話すことは秘密だとあらかじめ釘を刺す言い方．他に entre nosotros なども同様の意の表現.

③ **más allá**：場所を示す指示副詞は，話者に一番近いものが，aquí，対話者に近いものが ahí，両者に無関係な場所を指す場合には allí だが，もっと遠く，目に見えない場所になると allá が採用される．もっと遠く，何かを超えた向こうとなると，このように más allá と表現される．ここではこの世界を超えた，向こう側にある世界としての地獄の話題が出ているので，この表現が用いられている.

④ **eso**：中性の指示代名詞．「そのこと」．ここでは el odio, la crueldad と言い換えられて表現された人間の感情を指している.

⑤ **a veces**：「ときどき」．veces は vez の複数形.

⑥ **nosotros mismos**：「わたしたち自身」．mismos は mismo の男性複数形.

⑦ （セリフの背景より）**se muere**：再帰動詞 morirse の直説法現在形，三人称単数の活用形．再帰動詞にすると morir は単に「死ぬ」というだけでなく「おしまいである」，「なくなってしまう」，「死ぬほど……したくなる」などの意味にもなる.

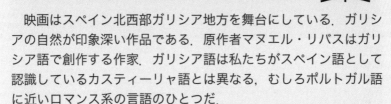

『蝶の舌』について

　映画はスペイン北西部ガリシア地方を舞台にしている．ガリシアの自然が印象深い作品である．原作者マヌエル・リバスはガリシア語で創作する作家．ガリシア語は私たちがスペイン語として認識しているカスティーリャ語とは異なる，むしろポルトガル語に近いロマンス系の言語のひとつだ．

　内戦を扱ったスペイン映画や小説は少なくない．日本にもだいぶ紹介された．子供の視点から描かれたものだけに限ってみても，本書でも取り上げるビクトル・エリセ監督『ミツバチのささやき』（20ページ）がすぐに思い浮かぶだろう．最近では，ギジェルモ・デル・トロ監督・脚本『パンズ・ラビリンス』（144ページ）が忘れがたい．とりわけ名優フェルナンド・フェルナン＝ゴメスを配している点で本作品は，前者を大いに想起させる映画である．

　モンチョの兄アンドレス（アレクシス・デ・ロス・サントス）が地元の楽団にサックス奏者として加わり，地方公演に出かけるシークエンスがある．思春期の兄の淡い初恋を描いてせつなさを醸し出す．

　巡業先で泊めてもらった家の妻に一目惚れしたアンドレスは，楽団の公演を依頼された祭りの晩，広場の人混みの中にその女性の姿を認めると，とっさに立ち上がってソロを取るのだった．当初，吹いている真似だけでいいとバンマスに言われるほどの初心者だったアンドレスが，こつこつと練習を重ねるさまがそれまでに語られていたのだが，このとっさのソロはバンドのメンバーやモンチョを驚かせた．恋の奇跡だ．

　アンドレスがここでソロを取るパソ・ドブレの曲が「エン・エル・ムンド」．やはり内戦の影を示唆するエリセのもうひとつの名作『エル・スール』（28ページ）のクライマックスで流れていた曲だ．『蝶の舌』がビクトル・エリセへのオマージュであることを確信させる選曲の妙だ．

オール・アバウト・マイ・マザー
Todo sobre mi madre

ペドロ・アルモドバル監督

▶**製作**◎アグスティン・アルモドバル, エステル・ガルシア
▶**脚本**◎ペドロ・アルモドバル
▶**撮影**◎アフォンソ・ベアト
▶**音楽**◎アルベルト・イグレシアス
▶**出演**◎セシリア・ロス, マリサ・パレーデス, ペネロペ・クルス, カンデラ・ペーニャ, アントニア・サン・フワン他
▶**製作年等**◎1999 年, スペイン, 101 分

ストーリー

マヌエラ（ロス）はシングル・マザーとして息子エステバンを育てていたが，誕生日の夜，観劇の帰りに彼を交通事故で亡くす．そのことを伝えようと，父親のエステバン（今は性転換してロラと名乗る）がいるはずのバルセロナに向かった．そこで昔なじみの性転換者アグラード（サン・フワン）と再開し，ロサ（クルス）に紹介される．ロサはエステバン（現在のロラ）の子を身ごもっていた．一方，息子のエステバンの死の遠因となった劇団がバルセロナでも公演していたことから，偶然が重なり，マヌエラは女優ウーマ（パレーデス）の付き人となる．あるときウーマの相手役女優ニーナ（ペーニャ）の嫉妬を買ったマヌエラはことの経緯を明らかにして仕事を辞め，後をアグラードに託す．エステバンから子供のみならずＨＩＶウィルスまでもらったロサは，子供をエステバン（第三のエステバン）と名づけるようにとマヌエラにお願いし，分娩台へ向かう．

『オール・アバウト・マイ・マザー
〈ニューマスター版〉』
Blu-ray ¥5,280 / DVD ¥4,180
（税込），発売・販売：キングレコード

Lo que estaba diciendo, ¡cuesta mucho ser auténtica! Pero no hay que ser tacaña con nuestra apariencia. Una es más auténtica cuando más se parece a lo que ha soñado de sí misma...

◎　◎　◎

　つまり，**何を言いたかったかっていうと，本物**になるにはお金がかかるってこと！　でもケチっちゃだめ，見た目のためにはね．**自分**がこうなりたいと夢見た姿に近づけば近づくほど，**女は本物**になるんだから……．

セリフの背景

　女優ニーナは薬物中毒で，体調がすぐれず上演中止の危機を迎えた．その時，かつて同じ役を演じたことのあるマヌエラが窮地を救った．一方でそのためにマヌエラはニーナの嫉妬を買い，ウーマのもとを去ることになる．代わりに彼女の付き人になったのが，アグラード．アグラードは楽屋に漏れてくるセリフに合わせてそれを覚えようとして，最初から野心満々．コミカルだ．そして実際に再び危機が訪れた時，彼女は「私にまかせて」と自信ありげにステージに立つのだった．

　しかし，実際にステージの上でアグラードがやったことは，ニーナの代役を務めることではなかった．彼女はひとりで緞帳（どんちょう）の前に立ち，自分が性転換するのにどれだけの美容整形を行ったか，それにどれだけの金をかけたかを語って聞かせ，やんやの喝采を浴びたのだった．

　ここで取り上げたのはそのアグラードのひとり語りの最後の一節．これを言い終えて湧き起こる拍手に応えるアグラードの表情は得意げでもありコミカルでもあり，印象的だ．

しかし，コミカルでありながらも，発話の内容は女（？）が自分らしくあるためにはどんな代償を払ってでも望みを叶えなければならないというもので，不思議と感動的でもある．アルモドバルの多義的な美しさと女たちへの愛情が光る名シーンだ．

©1999-EL DESEO-RENN PRODUCTIONS-FRANCE 2 CINEMA

---

① **lo que**：lo は中性の定冠詞．que とともに先行詞を含む関係代名詞を形成する．英語で言う what に相当し，「……すること」．

② **estaba diciendo**：動詞 decir の過去進行形．estaba は線過去．「私が言いかけていたことは」という程度の意味．

③ **cuesta**：動詞 costar の現在形，三人称単数の活用形．「お金がかかる」「労力を要する」という意味．

④ **ser**：動詞の不定詞は英語の to 不定詞や原形不定詞に相当する働きをする．ここでは動詞 costar の主語になっている．

⑤ **auténtica**：形容詞 auténtico の女性単数形．アグラードは性転換して女性になった男性．パスポートに記載されている性は，あるいは男性のままかもしれない．しかし，気分は女性．よって自分のことを女性形で形容している．次の tacaña, una なども同様の理由．

⑥ **más … cuando más-**：比例比較 cuanto más –（tanto）más… と勘違いなきよう．cuando は「……時」の意．

⑦ **de sí misma**：de は「……について」再帰（自分自身）の前置詞格代名詞は，三人称の時に sí となる．同じく「自分自身」を意味する形容詞 mismo を添えて強調される．misma と女性形なのは上と同じ理由．

　『オール・アバウト・マイ・マザー』は少なくともふたつの先行する物語を下敷きにして作られている．ひとつ目はジョゼフ・マンキーウィッツの名作映画『イヴの総て』（1950）．大女優の懐にもぐりこみ，自身が舞台へ出るための足がかりとするイヴ（アン・バクスター）の行動が，マヌエラによって繰り返されているということだ．

　そもそもこの映画のタイトルがそれを示している．映画タイトルは，オープニングに続くシークエンスでマヌエラとエステバンの親子がTV放送される『イヴの総て』 *All About Eve* のスペイン語タイトルについてあれこれと話し合うところから生まれている．作家志望のエステバンがそこから「母のすべて」 *Todo sobre mi madre* というタイトルを思いつき，ノートにメモする．そのメモからこの映画そのもののタイトル・クレジットが立ち上がるという仕組みになっている．

　この映画の下敷きとなっているもうひとつの物語は，女優ウーマとその一座が演じるテネシー・ウイリアムズの戯曲『欲望という名の電車』だ．この戯曲の名ゼリフ「どなたかは存じませんが，私はいつも見ず知らずのかたの親切にすがって生きてきました」 Quienquiera que sea, siempre he contado con la bondad de los desconocidos は，映画内でも重要な意味を帯びるセリフとして効果を上げている．女たちが「見ず知らずのかたの親切にすが」ってエステバンという名の男たちのはかない命を伝えていくというのが，この映画のストーリーなのだ．

　ただし，このセリフに前後する『欲望という名の電車』の最終場は，いわば劇中劇として映画内で演じられているのだが，実はこのシーン，知られている戯曲の内容とは違ったものになっている．むしろ，映画版『欲望という名の電車』（エリア・カザン監督，1951）からの引用となっているのだ．

17

オール・アバウト・マイ・マザー

75

18 ゴヤ
Goya en Burdeos

カルロス・サウラ監督

▶**製作**◎アンドレス・ビセンテ・ゴメス
▶**脚本**◎カルロス・サウラ
▶**音楽**◎ロケ・バニョス
▶**美術**◎ピエール゠ルイス・テヴネ
▶**出演**◎フランシスコ・ラバル, ホセ・コロナード, マリベル・ベルドゥー, エウラリア・ラモン, ダフネ・フェルナンデス他
▶**製作年等**◎1999 年, スペイン, イタリア, 100 分

ストーリー

　ゴヤ（ラバル）は愛人レオカディア（ラモン）および娘のロサリオ（フェルナンデス）とボルドーに亡命中で，死の床にある．その場所から彼は生涯を回想しロサリオに語って聞かせる．最大のパトロンであるオスーナ公爵家のサロンでアルバ女公爵カエターナ（ベルドゥー）を見初めた若き野心家ゴヤ（コロナード）は彼女に接近し，やがて肖像を描き，関係を持つ．大病を患って耳が聞こえなくなるが，持ち直し，宮廷画家としての地位を着実に上げていく．しかし，スペイン最大の貴族アルバ公爵家の人物であるカエターナは，政争からか，何者かに毒殺される．隠遁してレオカディアと暮らし始めたゴヤは「黒い絵」と呼ばれる一連の絵を家の内壁に描く．自由主義者であった彼はナポレオンのスペイン侵入に失望し，それを告発する絵も描くが，後年は自由主義者仲間とボルドーに亡命を余儀なくされたのだった．

> **La fantasía, abandonada de la razón, produce monstruos imposibles; unida a ella, es madre de las artes y origen de las maravillas.**
>
> ◎　◎　◎
>
> **幻想は，理性に見放されると，とんでもない怪物を産み出す，理性と結びつくと，芸術の母となり，驚異の源となる.**

セリフの背景　突然の大病で耳が聞こえなくなったゴヤは，病気から回復すると版画集『ロス・カプリチョス』（映画字幕では『気まぐれ』）の製作に取りかかる．映画では，これを製作した頃のゴヤと人生を回想する老いたゴヤとが，拡大された版画を挟んで対話しながら，版画と，その頃の人生とを回想し，コメントを加えていく．眠っている人物の夢の暴走を描いた版画（左隅の台には「理性の夢は怪物を産み出す」El sueño de la razón produce monstruos と書いてある）の前で，ふたりのゴヤがやりとりをしたセリフがこれ．

　現在出回っている版画集には，各版画にキャプションのようにしてコメントが付されている．当該の版画にはこのセリフとほぼ同じ文章が掲載されている．正確に異同を記せば，後半部は以下のようになる．

　　"… unida con ella, es madre de las artes y origen de sus maravillas "
　　「理性と結びつくと，芸術の母になり，<u>その</u>驚異の源になる」

　これは映画のセリフという性質上，許容できる範囲内の変更だろう．ただし，この映画で特徴的なことは，この後半部分を発する若きゴヤが眺めている版画は，もうもとの版画集に収められた「理性の夢」の

それではなくなっているということだ．構図が似ているけれども，眠っている人物も，その夢の内容も，いずれの描線もぼかされていて，まるで爆発しているような印象を与える絵へと変わっている．

　ゴヤの実際の版画と，版画集に添えられた文章を利用しつつも，このような差異を作り出し，そこに独自性を込めながら撮っているというところが，このシーンの最大の面白さ．たとえば，魔女の飛行を描いた版画の前では，ふたりのゴヤがそれぞれにアルバ女公爵カエターナを想起している．彼女がモデルだという解釈に立ったサウラの創作だ．版画集『ロス・カプリチョス』を片手にこのシーンをじっくり見てみるというのが，映画『ゴヤ』の楽しみ方のひとつ．

---

① **abandonada**：abandonar の過去分詞．過去分詞は基本的に動作の完了か受け身を意味する形容詞の機能を果たす．この場合は受け身の意味．「見捨てられた」．動作主は前置詞 de で示されている．「理性から見捨てられた幻想」

② **unida**：abandonada 同様，過去分詞．不定詞は unir．

③ **ella**：人称代名詞は人物だけを示すのではない．ここでは razón の代わり．女性名詞の単数形を受けるので ella である．

④ **las artes**：arte は通常，単数形の時には男性名詞として，複数形の時には女性名詞として使われる．特に美術のことを bellas artes ということがある．

⑤ **maravillas**：「驚異」と訳したが，ようするに「すばらしいこと」「すばらしさ」という程度の意味．

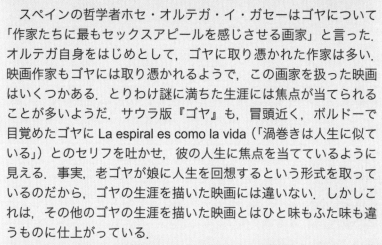

『ゴヤ』について

　スペインの哲学者ホセ・オルテガ・イ・ガセーはゴヤについて「作家たちに最もセックスアピールを感じさせる画家」と言った．オルテガ自身をはじめとして，ゴヤに取り憑かれた作家は多い．映画作家もゴヤには取り憑かれるようで，この画家を扱った映画はいくつかある．とりわけ謎に満ちた生涯には焦点が当てられることが多いようだ．サウラ版『ゴヤ』も，冒頭近く，ボルドーで目覚めたゴヤに La espiral es como la vida （「渦巻きは人生に似ている」）とのセリフを吐かせ，彼の人生に焦点を当てているように見える．事実，老ゴヤが娘に人生を回想するという形式を取っているのだから，ゴヤの生涯を描いた映画には違いない．しかしこれは，その他のゴヤの生涯を描いた映画とはひと味もふた味も違うものに仕上がっている．

　セリフのページで扱ったシーンのように，版画を拡大して吊り下げ，それを挟んで現在のゴヤと過去のゴヤが対話したり，隠遁先の家の壁に描いた「黒い絵」と呼ばれる絵の人物が飛び出してくるというゴヤの幻想を表現したり，ナポレオン戦争を扱った「プリンシペ・ピオの丘の銃殺」を実写化したシーンを作ったりしているというのが，サウラ版『ゴヤ』の最大の特長．明らかにゴヤの絵をスクリーンに再現しようとしているのだ．モントリオール映画祭最優秀芸術貢献賞は，こうした場面の作り方が評価された結果の受賞だろう．ゴヤ賞でも5部門で受賞している．

　兄が画家のサウラは，何年もの間この映画の企画を温めてきたようだ．フラメンコを扱った『血の婚礼』 Bodas de sangre （1981）や『タンゴ』 Tango （1998）などでも知られる監督だけに，舞踊音楽への傾倒は顕著だし，すばらしい成果をあげているが，この作品によって美術への造詣の深さをも証明して評価された．

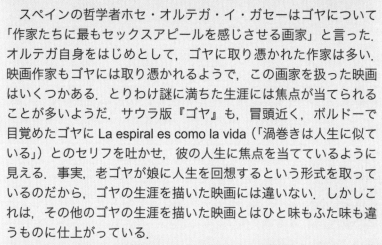

19 アモーレス・ペロス
Amores perros

アレハンドロ・ゴンサレス・イニャリトゥ監督

▶**製作**◎アレハンドロ・ゴンサレス・イニャリトゥ
▶**脚本**◎ギジェルモ・アリアガ
▶**撮影**◎ロドリゴ・プリエト
▶**音楽**◎グスタボ・サンタオラーヤ
▶**出演**◎エミリオ・エチェバリア, ガエル・ガルシア・ベルナル, ゴヤ・トレド, アルバロ・ゲレロ, マルコ・ペレス, バネッサ・バウチェ他
▶**製作年等**◎1999年, メキシコ, 153分

ストーリー　　　　　三つの一見無関係な人々の物語が，ひとつの交通事故を介して交錯する．第一の物語はオクタビオ（ガルシア・ベルナル）の物語．母親や兄夫婦と貧しく暮らす彼は，闘犬で稼いだお金を密かに思いを寄せる兄嫁スサナ（バウチェ）に渡している．スーパーでレジを打ちながら強盗も働く乱暴な兄とは折り合いが悪く，スサナとの駆け落ちを望んでいる．しかし，ある日闘犬のトラブルがもとでカーチェイスを演じ，事故を起こす．

　事故の相手はスペイン人モデルのバレリア（トレド）．彼女は不倫相手とメキシコ市の高級アパートで住み始めたばかり．そこへ乗っていた車がオクタビオの車に激突され脚に大けがを負った．アパートでは愛する犬が床下に隠れて迷子になる始末．不倫の末に結ばれたというのに，ふたりの仲は壊れていく．

　事故現場でオクタビオの犬を拾ったのが，浮浪者然とした生活をしながら殺し屋もしているエル・チーボ（エチェバリア）．彼は実は元大学教師で，妻子もある身だった．生き別れた娘に殺しで得た報酬をこっそり置いて，エル・チーボはねぐらを離れ，旅立つ．

¿Sabes qué decía mi abuela?: Si quieres hacerle reír a Dios, cuéntale tus planes.

◎　◎　◎

おばあちゃんがいつも何て言ってたか知ってる？神を笑わせたければ，お前の計画を話してみろって．

セリフの背景　オクタビオが事故を起こしたのと同じ頃，スーパーや商店での強盗に飽き足らなくなっていた兄のラミーロ（ペレス）は銀行に押し入り，そこで居合わせた警官に射殺された．オクタビオは松葉杖をつき，手術跡も痛々しい頭を剃り上げた姿で通夜に現れた．そこには当然，愛するスサナがいる．彼女とは事故の前，ふたりで逃げだそうと話していたのだが，彼女は約束をすっぽかし，ラミーロに連れられて外出していた．それに腹を立てたオクタビオが，以前から因縁のあった相手との闘犬勝負に向かい，そこでトラブルを起こして車で逃げ，事故を起こしたのだった．そんな経緯があるので，オクタビオは通夜の席でふたりきりになるとスサナに詰め寄る．スサナは結局はラミーロが自分の夫なのだと弁解する．「じゃあふたりで計画したことはどうなんだ？」¿Y de lo que planeamos juntos? とオクタビオが反論すると，「あなたの計画でしょ」Tus planes とした上でスサナが言ったのが，上のセリフ．

「神を笑わせたければ……」というのは，一種，修辞的な言い方だが，要するに人間の計画など神に一笑に付される程度のものでしかない，ということ．運命を前にした人間の意志の無力を言い得て，格言のような含蓄のある言葉．おばあちゃんというのは，時々こうしたうまいことを言う存在なのだ．

三つの異なるストーリーが交錯する『アモーレス・ペロス』は，偶然というものを想起させる映画でもある．天の配剤としての偶然の前

で，個人の意志は無力だ．駆け落ちのできなかったオクタビオ，モデルとしてのキャリアを棒に振ったバレリア，革命の夢破れたエル・チーボなど，『アモーレス・ペロス』は意志を実現できなかった人々の物語と言っていい．であればこのセリフは，映画全体のテーマを示唆してもいる．

① **sabes**：動詞 saber の直説法現在形．主語は tú．Saber は情報などを知っているという意味だが，ここでは本当に相手が知っているかどうかを質問しているのではない．話を切り出す際に使われる表現だ．「おばあちゃん」云々は別にして，ただ ¿Sabes qué?（ねえ，知ってる？）という話の切り出し方もよく使われる．

② **decía**：動詞 decir の線過去形．主語は ella．Abuela のことだ．線過去形は過去における習慣を表現する．つまり，「おばあちゃんがいつも言っていた」「よく言っていた」などの意．

③ **hacerle reír a Dios**：hacer は使役動詞．「させる」の意味．つまり，hacer reír で「笑わせる」となる．Querer の後に続いているので，hacer は不定詞．目的語の代名詞は不定詞の後ろに置かれ，一語を形成するので，この形になっている．Le は後に a Dios として繰り返されている．

④ **cuéntale**：cuenta は動詞 contar の tú に対する命令形．目的語の代名詞は肯定命令形の後ろに置いて一語とする．動詞のアクセントの位置を守るために，単独では不要だったアクセント記号がつく．ここでの le も前と同様，a Dios のこと．

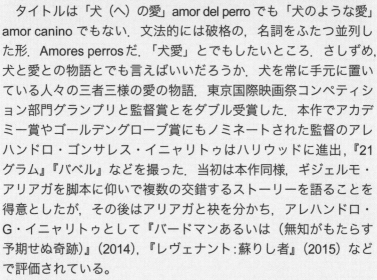

『アモーレス・ペロス』について

　タイトルは「犬（へ）の愛」amor del perro でも「犬のような愛」
amor canino でもない．文法的には破格の，名詞をふたつ並列し
た形．Amores perros だ．「犬愛」とでもしたいところ．さしずめ，
犬と愛との物語とでも言えばいいだろうか．犬を常に手元に置い
ている人々の三者三様の愛の物語．東京国際映画祭コンペティシ
ョン部門グランプリと監督賞とをダブル受賞した．本作でアカデ
ミー賞やゴールデングローブ賞にもノミネートされた監督のアレ
ハンドロ・ゴンサレス・イニャリトゥはハリウッドに進出，『21
グラム』『バベル』などを撮った．当初は本作同様，ギジェルモ・
アリアガを脚本に仰いで複数の交錯するストーリーを語ることを
得意としたが，その後はアリアガと袂を分かち，アレハンドロ・
G・イニャリトゥとして『バードマンあるいは（無知がもたらす
予期せぬ奇跡)』(2014)，『レヴェナント:蘇りし者』(2015) など
で評価されている。

　本作はまた，ガエル・ガルシア・ベルナルの銀幕デビュー作で
もある．エミリオ・エチェバリア演じるエル・チーボの娘マルを
演じているのはルールデス・エチェバリア，つまりこのふたり，
実の父娘である．

　そうした家族的雰囲気のスタッフ，俳優を起用しながら，ゴン
サレス・イニャリトゥが描き出している『アモーレス・ペロス』
の世界は，実に痛々しい印象を抱かせる．3人の人生が一瞬にし
て交錯した事故のシーンは，真に迫って衝撃的だ．闘犬に負けて
ぐったりとなった犬たちも痛々しい．事故後の手術の傷を負うオ
クタビオやバレリアも悲痛だ．

　こうした痛々しさを観客に植え付ける映画ではあるが，後味が
不快でないのは，エル・チーボの最後の行動が関係しているのか
もしれない．依頼された殺しを実行せずに街を出る彼の行動が，
わずかにではあれ，希望を感じさせる．

アモーレス・ペロス

㉖ 夜になるまえに
Before Night Falls

ジュリアン・シュナーベル監督

▶ **製作**◎ジョン・キリク
▶ **原作**◎レイナルド・アレナス
▶ **脚本**◎カニンガム・オキーフ, ラサロ・ゴメス・カリレス, ジュリアン・シュナーベル
▶ **撮影**◎ハビエル・ペレス・グロベット, ギジェルモ・ロサス
▶ **出演**◎ハビエル・バルデム, オリビエ・マルティネス, エクトル・バベンコ, ジョニー・デップ他
▶ **製作年等**◎2000 年, アメリカ, 133 分

ストーリー　　実在のキューバ人作家レイナルド・アレナス（バルデム）の自伝を映画化した作品. レイナルドは十代の少年の頃にキューバ革命に参加しようとして断られた経験を持つ. やがてハバナに出て大学で学ぶかたわら作家を志す. ビルヒリオ・ピニェーラ（バベンコ）ら先輩作家の手ほどきを受け, 2作ほど小説を発表し, 国外でも評価を得るようになるのだが, ホモセクシュアルである彼は, 体制から睨まれることになる. 折から吹き荒れた反体制派やホモセクシュアルの作家たちへの言論弾圧の嵐に呑み込まれ, 投獄, 監禁され, 解放後も監視されてしまう. そうした状況下で親友ラサロ（マルティネス）と知り合い, 彼ともども, 出国が許された大勢のボートピープルの一員としてアメリカ合衆国に亡命する. ニューヨークでドアマンとしてわずかな収入を得ながら執筆を続けるが, ある日, エイズに感染していることが発覚する. 大作を書き上げたレイナルドは, 病苦に耐えきれず, 自ら命を絶つ.

Mi nombre es, en ahora, por el momento, Reinaldo Arenas. Soy escritor cubano, exiliado. Vivo en Nueva York. Y, bueno, me dedico a escribir y a sobrevivir. Y aquí el estatus que me ha dado el Departamento de Justicia es el stateless. Eso quiere decir que yo, desde el punto de vista legal, no existo. Estoy en el aire y no tengo ningún país.

◎　◎　◎

ぼくの名前は，とりあえず今は，レイナルド・アレナス．キューバの作家で，亡命者．ニューヨークに住んでる．それで，そうだな，書くことと生き延びることに従事している．だけどここで司法省から与えられた身分は「無国籍」．つまり，ぼくは法的な観点から言えば，存在しないってこと．ぼくは空中にいて，どの国にも属していないんだ．

夜になるまえに

セリフの背景

　基本的に『夜になるまえに』は全編英語による映画である．だがニューヨークのアパートのベランダと室内でアレナスが自らを語るこのシーンはスペイン語のセリフになっている．スペイン人俳優ハビエル・バルデムが実にうまくキューバ訛りのスペイン語を操っている．監督のジュリアン・シュナーベルはアレナスのインタビュー映像を見たところからこの映画を着想したと語っているので，あるいはそのインタビューを再現したものなのだろう．インスピレーションの源を大切にするためか，ここだけはスペイン語にしているというわけだし，このシーンのためにキューバ人特有の訛りを身につけたバルデムのプロ根性と言語能力も目を見張るものがある．迫力のシーンだ．

　アレナスの発話内容も，この不幸な亡命作家の故郷喪失の立場を反映して多くを考えさせる．自分の名前が「とりあえず」のものでしか

85

ないという認識はしょっぱなから聞く者をはっとさせる．あたかもその理由であるかのように，亡命し，亡命先でも「無国籍」とされる自身の立場を淡々と説明している．映画では詳しく語られないが，亡命当初マイアミに住んだアレナスは，マイアミ社会になじめず苦悩している．キューバを追い出されて自由を求めたけれども，自由の国でも「無国籍」の地位を与えられ，思うように生きられないアレナスの苦悩が痛ましい．

　直後には「無信仰でホモセクシュアルで反カストロ派な自分は本を出せないための条件を揃えている」と述べている．社会の周辺で生きることを余儀なくされているというのだ．

---

① **en ahora**：en は不要．文法上の破格．

② **por el momento**：「とりあえず」の意．直前の ahora を言い換えている．

③ **me dedico a**：dedicarse a は「従事する」「職業として……に就く」の意．

④ **stateless**：これは英語．スペイン語は s ＋子音で始まる単語がないため，語頭に e- が補われるような発音になる．ここでバルデムはそんな典型的なスペイン語訛りで「エステイレス」のように発音している．

⑤ **quiere decir**：quiere は動詞 querer の現在形，ここでの主語は Eso．次に動詞を従えて，「……したい」の意．したがって querer decir は直訳すると「言いたい」だが，「意味する」の意で使われる．

⑥ **punto de vista**：「視点」，「観点」の意．

『夜になるまえに』について

　映画原題は原作となるアレナスの自伝のタイトルを英語に訳したもの．原作のスペイン語タイトルは*Antes que anochezca*だ．キューバで官憲に追われながら書いていたので，夜，明かりをつけるわけにいかず，だから「夜になるまえに」書かなければならないというアレナスの執筆の壮絶さを表した題となっている．映画はこの原作にほぼ忠実に作られており，セリフなどもところどころ，原作から取ってきたことが確認される．原作には邦訳が存在する（『夜になるまえに』安藤哲行訳，国書刊行会）．アレナスの小説作品も何冊か邦訳がある．

　ジュリアン・シュナーベルはアーティストだが，画家ジャン＝ミシェル・バスキアの生涯を扱った『バスキア』（1996）で映画に進出した．『夜になるまえに』はその監督第2作となる作品．その後も建築家フランク・ゲーリーやミュージシャンのルー・リードをフィルムに収め，芸術家を扱った映画にこだわっているようだ．

　主演のハビエル・バルデムはこの作品でヴェネチア国際映画祭や全米映画批評家協会賞の主演男優賞を受賞し注目を浴びた．以後，2008年のアカデミー賞作品コーエン兄弟監督『ノーカントリー』やウディ・アレン『それでも恋するバルセロナ』（2009）など，活躍の場を着実に広げている．

　アレナスに創作の手ほどきをするビルヒニオ・ピニェーラ（これも実在の作家）をブラジルの映画監督エクトル・バベンコが演じている．『ピショット』（1980），『蜘蛛女のキス』（1985），さらにはガエル・ガルシア・ベルナルを主演に迎えた『失われた肌』（2009）のメガフォンを取った．2016年没．バベンコ以外にも，ジョニー・デップ（2役）やショーン・ペンがカメオ出演するなど，遊び心を見せている．デップのオカマの囚人役はなかなかの見ものだ．

20

夜になるまえに

21 ブニュエル ソロモン王の秘宝

Buñuel y la mesa del rey Salomón

カルロス・サウラ監督

▶**製作総指揮**◎ホセ・アントニオ・ロメロ
▶**脚本**◎カルロス・サウラ, アグスティン・サンチェス＝ビダル
▶**撮影**◎ホセ・ルイス・ロペス＝リナレス
▶**美術**◎ルイス・ラミレス
▶**出演**◎エル・グラン・ワイオミング, ペレ・アルキリュエ, エルネスト・アルテリオ, アドリア・コリャード, アルマンド・デ・ラサ他
▶**製作年等**◎2001年, スペイン, メキシコ, ドイツ, 105分

ストーリー　映画監督ブニュエル（ワイオミング）は，プロデューサーからソロモン王のテーブルを探すという内容の映画を撮ってくれと頼まれる．ソロモン王のテーブルというのは，表面が現在から過去まで歴史上すべての人間の姿と宇宙の真実を映し出す鏡になっている秘宝だという．いったんは断ったブニュエルだったが，滞在先のマドリードの部屋で来るべき映画の内容を夢想する．若きブニュエル（アルキリュエ）とその親友ふたり，サルバドール・ダリ（アルテリオ），フェデリコ・ガルシア＝ロルカ（コリャード）が，2020年のトレードでソロモン王のテーブルを探すという映画だ．3人は謎のモサラベ（イスラム教の影響を受けたキリスト教）司祭アベンダーニョ（ラサ）の示唆を受け，いくつかの試練をくぐり抜けた後に，教会の地下深くで，ついにソロモン王のテーブルに向き合う．3人はそこにそれぞれの未来を見るのだった．

Debemos estar bajo el Zocodover. Las plazas mayores de España están cargadas de gritos, encierran debajo un lago de sangre, un charco de agonía que late como un corazón.

◎　◎　◎

　ここはきっとソコドベル広場の真下に違いない．スペインの都市の中心広場には叫び声が詰まっている，その下には血の海が，心臓のように鼓動する断末魔の叫びの水たまりが閉じ込められているんだよ．

セリフの背景

　　ソロモン王のテーブルを探すブニュエル，ロルカ，ダリの3人は，アベンダーニョ司祭に示唆されて最初の試練，「トレードの夜」を潜り抜ける．すると予言どおりに嵐となり，司祭の使者に連れられてモサラベ教会の地下に潜っていく．そこで新たな試練の数々をくぐり抜けることになる．途中，地下世界の壁のひとつを血が伝っていることを確認したロルカが発したのが，このセリフ．

　フェデリコ・ガルシア゠ロルカ（1898 - 1936）はスペイン20世紀を代表する詩人，劇作家．日本でも多くのファンを持ち，その戯曲『血の婚礼』は人気だ．この劇作品をフラメンコ舞踊として作り変えたアントニオ・ガデスの作品を映画に撮ったのは，他ならぬカルロス・サウラだった（『血の婚礼』，1981）．ロルカとダリとブニュエルはその青春時代，マドリードの学生会館でともに過ごし，固い友情をはぐくんだことで知られる．本作でそうした若き3人を登場させたサウラは，ダリの絵やロルカの詩も引用して映画に彩りを添えている．ただし，いかにも詩人が言いそうなこのロルカのセリフは引用ではない．

　ソコドベル広場はトレードの広場．ヨーロッパの典型的な都市は，

ブニュエル　ソロモン王の秘宝

21

89

広場plazaを中心に街路が四方に延びており，広場には教会，役場などの都市の中心機能を担う建物が面しているのが通常だ．スペインでは特に中心の広場をプラサ・マヨールPlaza Mayor（大広場）と呼ぶことが多い．ソコドベルはトレードのプラサ・マヨールだ．

　ここの論理は前後が転倒していることに注意．スペインの中央広場の下には血の海がある．したがって壁を血が伝うこの場所は中央広場の下に違いない．トレードの中央広場といえばソコドベルだ．だからここはソコドベルの真下だ，と言っているのだ．

---

① **debemos estar**：deberは次に不定詞を従えると，義務と推量の意味を持つ．ここでは推量で「……に違いない」の意．直訳すると「ぼくたちはソコドベル広場の下にいるに違いない」と言っている．

② **bajo / debajo**：bajoは前置詞．次に名詞を従えて「……の下で，に」の意．一方，debajoは「下に」の意の副詞．「……の下に」の意にはならない．debajo deだとbajoと同意の前置詞句になる．

③ **las plazas mayores**：la plaza mayorの複数形．複数形で言っているので，ここではソコドベルのみを指しているのではなく，一般論を展開している．ロルカを演じるアドリア・コリャードはバルセロナ出身だが，ロルカはアンダルシア人．アンダルシア訛りを真似てセリフを発している．そのため語末の-sが弱く，単数形に聞こえるかもしれない．けれども，están，encierranなど動詞が複数形の活用をしていることに気づけば，複数の広場の話をしていることがわかるだろう．

④ **encierran**：動詞encerrarの現在形．主語はlas plazas mayores．

　ルイス・ブニュエル（1900-83）生誕百年を記念して企画された作品．ただし，サウラはありきたりのブニュエル賛歌，ブニュエルの神格化になることを嫌い，彼なりのブニュエルへのオマージュを捧げたかったとのこと．サウラと共同で脚本を執筆しているのは『ブニュエル，ロルカ，ダリ―果てしなき謎』（野谷文昭，網野真木子訳，白水社）を執筆した研究者アグスティン・サンチェス＝ビダル．冒頭でブニュエルにソロモン王のテーブルの話をする映画プロデューサー，ダビッド・ゴールドマンを，ブニュエル後期作品の脚本を多く担当したジャン＝クロード・カリエールが演じている．こうしたスタッフ，キャストの割り振りは，彼なりのブニュエルへのオマージュの一種なのだろう．

　アルゼンチンの作家ホルヘ・ルイス・ボルヘスに「エル・アレフ」という短編がある．世界の全体をその歴史の始めから終わりまで包摂する形で提示する物体「エル・アレフ」を見た男の話だ．ソロモン王のテーブルはこの「エル・アレフ」を彷彿とさせる．ブニュエルと同じくらいボルヘスを愛したサウラの，ボルヘスへの敬意がここには込められている．ただし，ブニュエルはボルヘスを嫌っていたけれども．

　そんな秘宝を探す，典型的な宝探しの物語であるこの映画は，サウラ自身が「コミックのようだ」と語るようにいささか戯画化されたものだ．物語の面白さとか，その意味だとかを求めたら，はぐらかされてしまう．この映画は何よりもブニュエルへのオマージュだ．ブニュエル的なイメージの祭典だ．メイドに名前を尋ねるシーン（『欲望のあいまいな対象』），トレードの街のいくつかのスポット（『悲しみのトリスターナ』，16ページ）など，ブニュエルの映画が引用されている．テーブルの最後の番人は，ブニュエルが愛したフリッツ・ラングの『メトロポリス』（1926）のロボットそのものだ．ゴヤ賞特殊効果賞受賞．

ブニュエル　ソロモン王の秘宝

22 ルシアとSEX
Lucía y el sexo

フリオ・メデム監督

▶**製作**◎アナ・カシーナ
▶**脚本**◎フリオ・メデム
▶**音楽**◎アルベルト・イグレシアス
▶**撮影**◎キコ・デ・ラ・リカ
▶**出演**◎パス・ベガ, トリスタン・ウリョーア, ナイワ・ニムリ, ハビエル・カマラ, ダニエル・フレイレ他
▶**製作年等**◎2001年, スペイン, 123分

ストーリー

レストランのウェイトレス, ルシア（ベガ）は失踪した恋人, 作家のロレンソ（ウリョーア）を追って, 彼の思い出の地である地中海の島にやって来る. 知り合ってすぐの頃に, その島でふたりが新たに出会う話をしていたからだった. ロレンソはかつてその島で一夜限りの関係を持った女性エレナ（ニムリ）の小説を書いていた. その話は実話だった. ロレンソとの間に子供をもうけ, ひとりで出産していたエレナだったけれども, 当時マドリードに暮らしていたその子とたまたま知り合ったロレンソは, しかし, 不注意からその子を死なせてしまう. そこから彼の精神の均衡が崩れ始め, 失踪するにいたったのだった.

ルシアが島で知り合ったカルロス（フレイレ）に連れられて行ったのは, エレナの経営するペンションだった. 娘の死後, 彼女はそこに暮らしていたのだ. 交流するうちに, ふたりはお互いの思う相手が同一人物だということに少しずつ気づいていく. 実は事故に遭って昏睡していたロレンソは, 回復するとルシアを探して島にやって来る.

DVD¥5,170（税込）
発売元：オンリー・ハーツ

La primera ventaja es que cuando el cuento llega al final, no se acaba, sino que se cae por un agujero, gu-gu-gu..., y el cuento reaparece en mitad del cuento. Esta es la segunda ventaja, y la más grande, que desde aquí se le puede cambiar el rumbo, si tú me dejas, si me das tiempo,...

◎　◎　◎

　第一の利点は，物語が最後まで行っても終わらないことだ．穴に落ちて，ゴゴゴゴ……ってなって，そして物語は物語の中盤にまた姿を現すんだ．これが第二の，そして最大の利点．だってここから方向を変えることができるんだから，君が許してくれるなら，君が時間をくれるなら……

セリフの背景

　娘を亡くして失意の底に沈み，睡眠剤の助けを借りてどうにか眠っているロレンソは，小説の中で自分の娘に関係する女たちを殺そうと企てるがうまく行かない．そんな時，情報を得てインターネットのチャット上でエレナと匿名でコンタクトを取り，彼女を助けるために物語を語り始める．その物語はまた，ロレンソ自身が失意から立ち直るためにも必要なものだった．そんな物語を始めるにあたって，その性質を説明した文章がこのセリフ．このセリフはまた，物語の最後にもロレンソのヴォイスオーヴァーで語られる．画面はエレナの部屋に飾られた死んだ娘の写真へとズームインし，その写真が撮られた当時の幸せそうなふたりの光景がオーバーラップする．写真の撮影された公園に面するアパートの一室では，ルシアとロレンソが抱き合っている．写真が物語を中盤へ，幸せな生活が続いていた頃へと戻すための穴になっているのだ．ここから方向転換した新たな物語が始まることが示唆されている．

『ルシアとSEX』のキーワードは穴だ．失踪する直前のロレンソはルシアに対して電話で「穴にはまってしまって，戻って来ようとしたのだけど，できない．ぼくはもう永遠に迷い込んでしまった」Estoy en un agujero. He intentado pero no sé volver. Me he perdido para siempre と自らの心境を語っている．ルシアは島に着くと海岸の岩場に開いた穴にはまる．カルロスはその穴から海に入って潜水をする．穴はそこにはまると抜け出せなくなるものであると同時に，向こう側に抜け出すことによって人生をやり直せるかも知れないとの希望を抱かせる通過儀礼のトンネルのようなものでもある．

©SOCIEDAD GENERAL DE CINE,S.A./2001
（提供：オンリーハーツ）

---

① **sino**：直前のno との対比で「……ではなくて，〜である」の意．直後にque が来るのは，次が活用した動詞を含む文章になっているから．名詞や動詞の不定詞が続く場合は，que は不要．

② **en mitad de**：「……の途中で，に」の意．

③ **Esta**：ventaja を指す指示代名詞なので女性単数形．以前は代名詞にはアクセント記号が打たれていた（Ésta）．近年では不要だが，この習慣はまだ残っているので，いまだに目にすることも多い．

④ **la más grande**：la ventaja más grande のこと．最上級の表現．

⑤ **que desde aquí se le puede cambiar el rumbo**：que は軽い理由説明．aquí「ここ」というのは，物語の中盤のこと．le はcuento を指す代名詞．間接目的語だが，再帰動詞（ここではcambiarse）とともに使われる場合，直接目的語の位置（2番目）に置かれる．

⑥ **si tú me dejas**：dejar は使役「……させる」の意の動詞．ここでは明記されていないが，「君が話させてくれるなら」ということだろう．

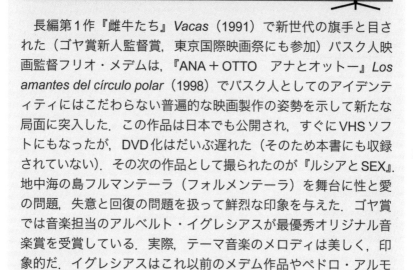

『ルシアと SEX』について

　長編第1作『雌牛たち』Vacas（1991）で新世代の旗手と目された（ゴヤ賞新人監督賞，東京国際映画祭にも参加）バスク人映画監督フリオ・メデムは，『ANA＋OTTO　アナとオットー』Los amantes del círculo polar（1998）でバスク人としてのアイデンティティにはこだわらない普遍的な映画製作の姿勢を示して新たな局面に突入した．この作品は日本でも公開され，すぐにVHSソフトにもなったが，DVD化はだいぶ遅れた（そのため本書にも収録されていない）．その次の作品として撮られたのが『ルシアとSEX』．地中海の島フルマンテーラ（フォルメンテーラ）を舞台に性と愛の問題，失意と回復の問題を扱って鮮烈な印象を与えた．ゴヤ賞では音楽担当のアルベルト・イグレシアスが最優秀オリジナル音楽賞を受賞している．実際，テーマ音楽のメロディは美しく，印象的だ．イグレシアスはこれ以前のメデム作品やペドロ・アルモドバル作品の音楽も多数担当している．

　また，同じくこの作品でゴヤ賞最優秀新人賞を受賞した主演のパス・ベガは，この直後からアルモドバル『トーク・トゥー・ハー』（104ページ），ビセンテ・アランダ『カルメン』（120ページ），ジェイムス・ブルックス『スパングリッシュ』Spanglish（2004）などに立て続けに出演し，すっかり人気者となった．

　タイトルどおりセックス，性を登場人物たちのオブセッションの中心に据えているけれども，『ルシアとSEX』は，前作『アナとオットー』同様，必然的な出会いを待望する恋人たちの行動を描いた作品だ．前作では主役を務めたナイワ・ニムリが，ここでは助演にしりぞいているとはいえ，一夜限りの関係で子をもうけ，その子を亡くしてもなお，相手の男を待つ女性を好演している．子供を亡くしても，ルシアの相手が自分の待ちわびた男だと気づいても泣けなかった彼女が，現実のロレンソとの再会に涙する姿は感動的だ．

㉓ ブエノスアイレスの夜
Vidas privadas

フィト・パエス監督

▶ **製作総指揮**◎フィト・パエス, アレハンドロ・クランシ
▶ **脚本**◎フィト・パエス, アラン・パウルス
▶ **撮影**◎アンドレス・マソン
▶ **音楽**◎フィト・パエス, ヘラルド・ガンディーニ
▶ **編集**◎フェルナンド・パルド
▶ **出演**◎セシリア・ロス, ガエル・ガルシア・ベルナル, ドローレス・フォンシ他
▶ **製作年等**◎2001年, アルゼンチン, スペイン, 105分

ストーリー

　マドリードで暮らすカルメン（ロス）が，約5年ぶりにブエノスアイレスに帰ってくる．軍事政権下で夫を失い，自らも逮捕・監禁されて拷問を受けた過去を持つ彼女の心は，20年前に国を離れて以来，周囲に対して閉ざされている．彼女は内緒でアパートを借りて，隣室に男女を呼んでセックスさせ，その物音や声を聞いて慰みを得る．しかし，電話で聞いた瞬間からグスタボ（ガルシア・ベルナル）の声にかつてない官能を覚えたカルメンは，次回からはひとりで来るようにと依頼する．そして，隣室で本を朗読してくれるようにとお願いするのだった．

　軍閥の名家に育ち今では雑誌モデルとして売り出し中のグスタボも，カルメンの声に運命的に惹きつけられ，奇妙な朗読の仕事を続ける．やがてこらえきれなくなり，ふたりは愛し合うようになる．ところがグスタボはカルメンが牢獄で産み，軍人一家の養子として奪われた子だったのだ．カルメンは自殺を図り，グスタボは父に真実をただしに行く．

Estoy loca, ¿verdad? Tiene veintidós años. Los mismos veintidós años que me he pasado viviendo en un páramo helado. Sólo estoy segura de una cosa : por primera vez no me siento sola, Ana.

◎　○　◎

わたし, 頭がおかしいでしょ? 彼は22歳. わたしが凍てついた荒野で過ごしてきた22年と同じ年齢なのよ. 確実なことはひとつだけある. わたしは初めてひとりじゃないって感じているってことよ, アナ.

セリフの背景　カルメンの年の離れた妹アナ (フォンシ) は遠くマドリードで自活している姉に強いあこがれを抱いているらしい. 到着の日はひとりで部屋の準備を整え, そわそわしている. 20歳の彼女は姉が出国した事情を知らない. 大人として初めて対面するので, 姉に認めてもらいたがっているようだ. だが, 姉は心を閉ざし冷たく対処するばかり. アナはそんなカルメンのことをもっと知りたいと願い, 彼女を尾行するようになる. そしてどうやらグスタボと関係を持っているらしいことに気づく.

　ある日, アナがカルメンにグスタボのことを尋ねようとしていると, ちょうど彼からの電話がかかってきて取り次ぐことになる. 電話を終えたカルメンに「若い相手だから驚いた」と告げると, それにこたえてカルメンが言ったセリフが, これ.

　この電話でデートの約束を取り付けた彼女は, グスタボと会い, 愛を深める. 年の差を気にしつつも, やがてカルメンはグスタボと関係を持つ. 拷問を受けた経験から, 誰とも肉体を触れあうことができな

ブエノスアイレスの夜

いでいたカルメンは，グスタボに出会って初めて精神的にも性的にも過去の傷から癒えるのだ．だが，皮肉にもグスタボとの関係を持ったその晩，部屋の中に赤ん坊の泣き声を聞いたような気がして目を覚ましたカルメンは，浴室で手首を切って自殺を図った．

　おそらくカルメンが自殺を図るのは，グスタボが自分の子供だとわかったからだ．グスタボのアパートでの会話は，事実に気づき始めているらしいカルメンの暗示的なセリフに満ちている．

　そうした会話に先立つこのシーンでは，年数の一致を説いた直後のカルメンが何ごとか思い当たったような表情を見せる．彼女がふたりの本当の関係に気づいたのはこの時ではないかと思わせる演技とセリフだ．つまりここでカルメンは，愛してはならない人物を愛したことに気づきつつ，孤独からの脱却を説いて自らを納得させようとしているのだ．複雑な心境だ．

**文法の
ポイント**

① **¿verdad?**：念を押す表現．「でしょう？」「違う？」
「……じゃない？」

② **me he pasado viviendo**：動詞pasarse「過ごす」の現在完了形．過ごす期間を目的語として取る．この場合は「22年間を過ごしてきた」．viviendoは動詞vivirの現在分詞．現在分詞は主動詞との同時性を表す．

③ **páramo helado**：「凍てついた荒野」．これはもちろん，比喩．夫と子供を奪われ，心に傷を抱えたカルメンの心の中の「荒野」のこと．

④ **sólo**：sóloは副詞，「ただ……だけ」．形容詞のsolo, sola（直後に出てくる）との違いを明確にするためにアクセント記号を打つ（違いが明確な時は打たなくていい）．

⑤ **por primera vez**：初めて

⑥ **no me siento sola**：sentirseは「自分が……だと感じる」．Solaは形容詞soloの女性形．「孤独な，ひとりの」の意．

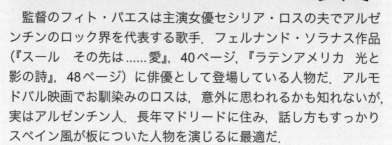

『ブエノスアイレスの夜』について

　監督のフィト・パエスは主演女優セシリア・ロスの夫でアルゼンチンのロック界を代表する歌手．フェルナンド・ソラナス作品（『スール　その先は……愛』，40ページ，『ラテンアメリカ　光と影の詩』，48ページ）に俳優として登場している人物だ．アルモドバル映画でお馴染みのロスは，意外に思われるかも知れないが，実はアルゼンチン人．長年マドリードに住み，話し方もすっかりスペイン風が板についた人物を演じるに最適だ．

　アルゼンチンの軍事独裁体制下の行方不明者たち desaparecidos を扱った映画には，本書で取り上げた『スール』があった．この問題は，1973年から90年までやはり軍事独裁体制下にあったチリの同種の問題同様，文学や映画の題材となってきた．『スール』以外では，行方不明の息子たちを探す母親の物語『オフィシャル・ストーリー』（ルイス・プエンソ監督，1985）などは，とりわけ，日本でDVD化されていないのが残念だ．

　フィト・パエスは1963年生まれ．軍事独裁が終わったのは20歳の頃と，この問題を扱うにしては若い世代に属する．その彼が取り組むのだから，この問題がアルゼンチン人にとってどれだけ根深いものかがうかがえる．そしてまた比較的若い世代らしく，行方不明者とその母たちの問題ではなく，行方不明者の子供たちの問題を扱っていて，時間の経過を感じさせる．同種の問題を扱った文学作品にエルサ・オソリオ『ルス、闇を照らす者』（横山朋子訳，ソニーマガジンズ）がある．

　年上の女性に朗読する青年の話としてドイツの作家ベルンハルト・シュリンクの小説『朗読者』（松永美穂訳，新潮社）がある．その行為の影に衝撃の過去が明かされるストーリーで話題になった（『愛を読むひと』として映画化もされている）が，その設定を彷彿とさせる本作品は，負けず劣らず衝撃的な過去を内包するストーリーだ．さすがに監督がミュージシャンだけあって，それを彩る音楽もすばらしい．

23

ブエノスアイレスの夜

99

㉔ 天国の口、終りの楽園。
Y tu mamá también

アルフォンソ・クワロン監督

▶**製作**◎ホルヘ・ベルガラ, アルフォンソ・クワロン
▶**脚本**◎アルフォンソ・クワロン, カルロス・クワロン
▶**撮影**◎エマヌエル・ルベスキ
▶**美術**◎ミゲル・アルバレス
▶**音楽**◎ホセ・アントニオ・ガルシア
▶**出演**◎ガエル・ガルシア・ベルナル, ディエゴ・ルナ, マリベル・ベルドゥー他
▶**製作年等**◎2001年, メキシコ, 106分

ストーリー

　フリオ（ガルシア・ベルナル）とテノッチ（ルナ）はメキシコの裕福な家庭に育った幼なじみ．高校を卒業したばかりの彼らは暇を持てあましている．そんなある日，出席したテノッチの親戚の結婚式で，彼のいとこの妻ルイサ（ベルドゥー）に出会ってのぼせ上がってしまう．スペイン人で，夫についてメキシコまで来たはいいが，彼女は新しい環境になじめないでいるようだ．フリオとテノッチはルイサに「天国の口」と呼ばれる人知れぬ海岸に行こうと誘いかける．

　実は病を患っていた彼女は，夫の不倫にも悩み，悲しんでいる．翌日にはテノッチに電話をかけて，「天国の口」へ連れて行ってくれと頼む．そして3人の自動車での旅が始まる．当てずっぽうに旅を進める3人だが，ルイサがフリオともテノッチとも関係を持ったことから友人ふたりの関係もぎくしゃくし始める．目的地に着いた時には，もうかつてのふたりではなくなっていた．しばらくして，久しぶりに再会したテノッチから，フリオはルイサが死んだことを告げられ，フリオは愕然とする．

Luisa pensó que aun en la ausencia las personas siguen estando presentes. Se preguntó por cuánto tiempo seguiría ella viva en el recuerdo de los demás cuando dejara de existir. Pero Luisa no quería ocupar su mente con pensamientos de muerte.

◎　　◎　　◎

ルイサは，人々はいない時でもそこにい続けるのだと考えた．彼女が存在するのをやめたら，人々の心の中にどれだけの間生きながらえるのだろうと自問した．でもルイサは死を考えて自分の心をいっぱいにしたくはなかった．

24

セリフの背景

テノッチがルイサと関係を持ち，それを目撃したフリオが，腹いせに彼の恋人アナと寝たと告白して，ふたりは滞在先のモーテルで一晩中大げんかをする．翌日，モーテルを出て旅を続ける3人は口数も少ない．そんな場面にかぶせられるナレーションの一部がこのセリフ．

『天国の口、終りの楽園。』には登場人物の誰でもない，第三者が語り手として登場して（名優ダニエル・ヒメネス＝カチョが務める）登場人物たちの過去や心境を説明している．この場面もそうした語り手による説明．前日に出会った先住民の老婆から，ルイサは自分の名前が書かれた小さなネズミのぬいぐるみをもらった．それを車につけて走っている映像を映しながら，語り手は，それがその老婆のルイサという名のひ孫の持ち物だったと説明する．そのひ孫は「よりよい未来を求めて」アリゾナ砂漠（つまり，米墨国境地帯）を横切っている時に日射病で死んだのだとか．折から彼らの旅する車は，路肩を歩く葬列を追い越していく．それを眺めるルイサを映す画面に，「ルイサは……考えた」という語りが重ねられるのだ．「人々はいない時でもそこ

にい続ける」とは平易な言葉で語られているが，前後の脈略から言って，死んでも人は誰かの記憶の中で生き続けるということだろう．あるいは形見として生き続ける，と考えてもいいかもしれない．画面端では先住民老婆のひ孫ルイサの形見であるネズミのぬいぐるみが揺れている．

　この時点でルイサの病気のことはわずかに暗示されているだけで，まだ多くの観客は彼女の運命を予知できてはいないと思われる．旅先で触れ合った先住民女性のひ孫の，幼くして失われた命を思い，ルイサが一般的な思索を重ねているのだと思われるだろう．最後の一文も自分が死ぬなんて遠い先の話だから考えるのはよそうと言っているようにも理解できなくもない．

　けれども，ルイサがフリオやテノッチと旅立ったのは死に場所を求めてのことだったとわかってから見返すと，これが彼女の迫り来る死に対する心構えなのだということがわかる．

---

① **aun**：強調の副詞．「……さえも」．

② **ausencia**：「不在，いないこと」．次の presente（s）との対比で使われている．

③ **siguen estando presentes**：seguir は次に動詞の現在分詞を従え，「……し続ける」の意．estar presente（s）は「（そこに）いる」の意．

④ **seguiría**：seguir は次に形容詞を従えて，「……であり続ける」の意．過去未来形の活用．次の dejara de existir と呼応して，事実に反する仮定を語っているので，ここは過去未来形になる．

⑤ **dejara de existir**：dejar de ＋不定詞で，「……するのをやめる」の意．接続法過去，-ra 形の活用．事実に反する仮定なのでこの形だが，実際にはやがて死ぬことがわかっている人物の語法と考えると，悲しい．

文法の
ポイント

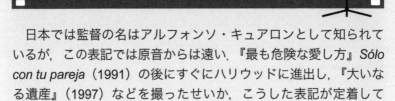

『天国の口、終りの楽園。』について

　日本では監督の名はアルフォンソ・キュアロンとして知られているが，この表記では原音からは遠い．『最も危険な愛し方』*Sólo con tu pareja*（1991）の後にすぐにハリウッドに進出し，『大いなる遺産』（1997）などを撮ったせいか，こうした表記が定着している．

　原題は『それからお前のおふくろもな』*Y tu mamá también*．ルイサを巡る嫉妬からお互いの恋人と寝たことを告白して，フリオとテノッチは仲違いを始める．しかしルイサの仲介があり，偶然にも「天国の口」と呼ばれる海岸に着いたこともあって，仲直りをする．その席上，酔ってフリオがテノッチに言ったセリフに由来する．つまり，「お前のおふくろとも寝たぞ」ということ．母を侮辱するのは多くのヨーロッパ系言語に共通する最大級の罵倒の言葉だが，お前の母親と寝たというのも，そうした罵詈雑言を思わせて何とも強烈なセリフだ．

　メキシコは貧富の差の激しい国だ．裕福な家庭はプールつきの豪邸に住み，使用人を抱え車を何台も所有しいている．テノッチはそういう家庭の出身だ．フリオは裕福というほどではないが，中流でそれほどの不自由もない暮らしをしている．こうしたブルジョワ階級の若者たちが酒やドラッグ，セックスに明け暮れる姿を描いた文学作品は，1960年代から現れた．エンドロールに謝辞が掲げられているホセ・アグスティンの『墓』（1964，邦訳はない）などはその代表だ．それから30年ばかり経った，グローバル化の時代に突入しつつあるころの，映画版のブルジョワ青春劇だ．

　高校卒業後のひと夏の彷徨という点ではジョージ・ルーカスの名作『アメリカン・グラフィティ』（1973）を強く想起させるが，年上の女性の死に場所を求めての旅を重ねたロード・ムーヴィーに仕立てている．ヴェネチア国際映画祭最優秀脚本賞，マルチェロ・マストロヤンニ賞（新人俳優賞）受賞．

天国の口、終りの楽園。

㉕ トーク・トゥ・ハー
Hable con ella

ペドロ・アルモドバル監督

▶ **製作総指揮**◎アグスティン・アルモドバル
▶ **製作**◎エステル・ガルシア
▶ **脚本**◎ペドロ・アルモドバル
▶ **撮影**◎ハビエル・アギレサロベ
▶ **出演**◎レオノール・ワトリング, ロサリオ・フローレス, ハビエル・カマラ, ダリオ・
　グランディネッティ, ジェラルディン・チャップリン他
▶ **製作年等**◎2002 年, スペイン, 114 分

ストーリー　女闘牛士のリディア（フローレス）が牛に突かれて意識不明の重体になり，入院する．恋人のマルコ（グランディネッティ）はその病院で，やはり寝たきりの美少女アリシア（ワトリング）を献身的に看護する看護師ベニグノ（カマラ）と知り合い，友情をはぐくんでいく．ベニグノはアパートの向かいのバレエ教室でアリシアを見初め，彼女が事故に遭って昏睡状態に陥ったと知ったので同性愛者と偽り彼女の看護を買って出たという人物だった．アリシアへの愛情は尋常ではなく，やがては結婚すると言い出す始末．そのことをたしなめたマルコは仕事で国を離れる．

　リディアの死を知ってスペインに戻ったマルコは，ベニグノが昏睡中のアリシアを妊娠させ，婦女暴行罪で服役中だと知らされる．子供が死産だったことを知り，ベニグノは刑務所内で自殺する．しかし，実はアリシアは奇跡的に意識を回復していたのだった．そしてマルコとアリシアが出会う．

El cerebro de la mujer es un misterio, y en este estado más. A las mujeres hay que tenerlas en cuenta, hablar con ellas, tener un detalle de vez en cuando, acariciarlas de pronto, recordar que existen, que están vivas, y que nos importan. Esa es la única terapia. Se lo digo por experiencia.

◎　◎　◎

女の人の脳は神秘ですよ．ましてやこんな状態ではなおさらです．女の人たちのことは気にかけてあげなきゃいけないんです．彼女たちに話しかけ，時には細心の注意を払って，かと思ったら触れてあげて，彼女たちが存在しているんだって，生きてるんだって，彼女たちのことをぼくたちはとても気にしてるんだって教えてあげなきゃいけないんです．それだけが癒しです．経験からわかるんです．

トーク・トゥ・ハー

セリフの背景　原題の Hable con ella「話してみれば」はベニグノがマルコに言ったセリフ．アリシアの世話を焼くことになった経緯を話し，彼女の面倒を見てきた4年間は幸せだったと語った時のこと．その話を聞いたマルコは，逆に自分はリディアに触れることもできず，どう対処していいかわからないと不安を訴える．それに対して，「話してみればいいんです，何もかも語って聞かせるんですよ」Hable con ella, cuénteselo todo と言ったのだった．しかしリディアの脳は機能していないと反論したマルコに対し，なおも自説を説いたベニグノのセリフが，これ．この時点でベニグノはマルコに対し，敬称ustedでしゃべっている．

リディアが病院に運ばれる直前，彼女は前の恋人とよりを戻したことを伝えようとしている．だが，自身の前の恋人の結婚式に出たばかりのマルコが，その彼女の話ばかりしていたので伝えられなかった．

105

マルコは「まだ愛している人から離れなければならないことほど最悪なことはない」No hay nada peor que separarte de alguien a quien quieres todavía と説いていた．やがてリディアが自分と別れるつもりだったことを知ったマルコは，リディアの世話をその恋人に任せて仕事に旅立つのだった．

　一方，自殺というよりも，アリシア同様の植物状態になって彼女のもとへ行きたいと考えて睡眠薬を飲んだベニグノは，「たとえどこに運ばれてもぼくに会いに来て，話しかけてくれ」Dondequiera que me lleven, ven a verme y habla conmigo とマルコに書き残す．

　つまり，『トーク・トゥ・ハー』の登場人物たちはみな，一貫して愛する人のそばにいること，愛する人にそばにいてもらうこと，愛する人と話をすることの大切さを訴えているといっていい．それがこの映画のテーマだ．

---

① **A las mujeres hay que tenerlas en cuenta** : tener en cuenta は「考慮に入れる」の意．las は目的語の代名詞．A las mujeres を繰り返している．直接目的語の代名詞は，このような形で繰り返される．hay que は義務を表す表現．三人称単数のみで使用．

② **tener un detalle** : または tener detalles で「特別の注意を払う，やさしく扱う」という意味．tener と不定詞なのは，hablar, acariciar らと同様，hay que の支配を受けているから．

③ **de vez en cuando** :「ときどき」

④ **de pronto** :「突然」

『トーク・トゥ・ハー』について

　アカデミー賞脚本賞を始め，ゴールデン・グローブ賞最優秀外国語映画賞など多数の賞を受賞したこの作品については，アルモドバル最高の傑作と称する人も多い．とりわけ脚本賞受賞なので，ストーリーや設定，セリフのすばらしさなどを味わうのがいいのかもしれない．

　しかし，劇場の緞帳を模したタイトル・クレジットが終わって，その緞帳が開くと，まず観客が目にするのは，舞踊とも演劇ともつかない，薄手のスリップ姿のふたりの女性が織りなすパフォーマンスだ．まだ知り合っていないベニグノとマルコが隣り合って鑑賞するこのパフォーマンスは，タンツテアター（舞踊演劇）というジャンルを創出して20世紀後半の舞台芸術を牽引したドイツの舞踊家ピナ・バウシュの代表作『カフェ・ミュラー』だ．2009年に亡くなったこの芸術家はアルモドバルの友人でもあり，この作品に友情出演することとなった．映画のエンディングで使われている作品は，やはりバウシュの『炎のマズルカ』．

　同じく友情出演で細部に彩りを添えているのが，ブラジルの歌手カエターノ・ヴェローゾ．トマス・メンデス＝ソーサによるスタンダード・ナンバー「ククルクク・パロマ」を，甘い声で歌い上げていて，マルコならずとも落涙を禁じ得ない．『私の秘密の花』（1995）のプロモーションでリオ・デ・ジャネイロに行った時，ヴェローゾの家に招かれて生でその歌声を聞き，連日の疲れと時差ぼけによる体調不良がいっぺんに吹っ飛んだと回想するアルモドバルは，その時から彼には映画の中でいつか歌ってほしいと思っていたようだ．監督自身の疲れを癒したその同じ曲に，観客は酔いしれるはず．

　この歌が披露される別荘でのガーデン・パーティのシーンには，前作『オール・アバウト・マイ・マザー』（72ページ）の女優セシリア・ロスやマリサ・パレーデスが顔を揃え，家族的雰囲気を醸し出している．

26 アマロ神父の罪
El crimen del padre Amaro

カルロス・カレラ監督

▶**製作総指揮**◎ラウラ・インペリアレ
▶**原作**◎エッサ・デ・ケイロス
▶**脚本**◎ビセンテ・レニェーロ
▶**撮影**◎ギジェルモ・グラニージョ
▶**出演**◎ガエル・ガルシア・ベルナル, アナ・クラウディア・タランコン, サンチョ・グ
　ラシア, ダミアン・アルカサル, アンヘリカ・アラゴン他
▶**製作年等**◎2002 年, メキシコ, 118 分

ストーリー

　若いアマロ神父（ガルシア・ベルナル）がメキシコの田舎町ロス・レイェスに赴任してくる．ローマへの派遣が期待されている有望株の新人だ．若く美しく野心に燃えるアマロ神父に対し，町のレストランの娘アメリア（タランコン）は憧れを抱く．アマロ神父も彼女に惹かれていく．

　一方，ロス・レイェスのベニト神父（グラシア）は病院建設にかこつけて麻薬組織から賄賂を受け取っているし，周辺村落のナタリオ神父（アルカサル）はゲリラとの繋がりが噂されるなど，問題山積だ．アマロに嫉妬したアメリアの恋人ダリオは新聞でそれらの問題を暴くが，アマロはそれを握りつぶす．さらには聖具係マルティンの仕事場を利用してアメリアと逢い引きを重ね，ついには妊娠させてしまう．小競り合いの末にベニトを重体に陥れたアマロは，もぐりの病院でアメリアを中絶させる．

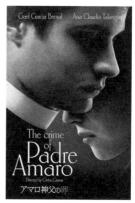

デジタル配信中。ソニー・ピクチャーズ エンタテインメント（2021 年 9 月の情報です）

No, yo no voy a presentar con nadie. Fuera de la iglesia… Pues si me quieren echar ya estoy aquí. Me quedo como un campesino más. Yo elegí este camino. ¿Y tú?.

◎　◎　◎

いや，私は誰のところにも行かない．教会から出て行け，か……　私を追い出すつもりでも，もうここにいるんだ．農民のひとりとしてでも留まるぞ．私がこの道を選んだんだから．君はどうなんだ？

セリフの背景　ゲリラとの関係が噂されるナタリオ神父は，司教から女子修道院への異動を命じられても従おうとしない．自身の教区の村人たちと村落の共同作業にいそしむ毎日だ．ゲリラに援助していると非難されても，村人の利益を守るためだと正当性を主張する．アマロはナタリオを信頼し，彼に敬意を払っているし，司教に対し，修道院ではなく他の村落に異動させたらどうだと，折衷案を提案してもいる．しかし司教は反抗的なナタリオに業を煮やし，ついには破門宣告を下す．

　アメリアとの関係を巡ってベニト神父と口論となり，小競り合いの末に突き飛ばしたアマロは，重体のベニトに付き従ってメキシコ市の病院まで行った母親のいぬ間にアメリアの中絶を実行しようとしている．そんな折り，司教からの破門宣告をナタリオに伝えに行くことになった．礼拝堂では，麻薬組織に殺された村人の葬儀が執り行われていた．アマロはナタリオに，葬儀なども執り行う権利が剥奪されたこと，破門されたことを伝える．加えて，司教に会いに行かなければならないと言ったアマロに対して答えたナタリオのセリフが，これ．

　民衆とともにあるとのナタリオの信念は揺らがない．そんな彼の態

度を，映画の最初の方でベニト神父は「解放の神学」Teología de la Liberación と関係づけて非難している．解放の神学とは1950 - 60年代頃からラテンアメリカに広がった聖職者の実践のあり方で，スラムや農村などの貧しい人々と生活をともにし，その改善に努める姿勢と教義のことだ．カトリック教会に正式に意義を認められた後も，一部急進派が中央との軋轢を生んだりしている．農民とともにあろうとするナタリオ神父の姿勢，それがゲリラと癒着していると非難される事実は，なるほど，彼の解放の神学との繋がりを思わせる．

　そんなナタリオの揺るぎなさを前にしてアマロ神父は動揺している．ベニト神父に大けがを負わせた上に，アメリアに中絶を強要しようとしている彼は，さすがに気がとがめているのだろう．「中絶についてどう思うか」と尋ね，今にも罪を告解したそうな表情だ．

---

① **presentar**：あるいはpresentarseで「姿を現す」，「出席する」などの意．

② **con**：人と対面する際に使われる前置詞．Mi padre me mandó con usted「父があなたのもとに参るようにと言いつけました」のように使う．

③ **fuera de la iglesia**：fueraは副詞「……の外へ」．「出て行け」の意の間投詞にもなる．破門宣告excomunión を平易に言い換えている．

④ **si me quieren echar**：siはここでは仮定というよりは譲歩を導く接続詞．quieren は一般人称としての三人称複数形が主語になっている．

⑤ **como un campesino más**：un/-a … más は「もうひとつ（ひとり）の……」ということ，ここでは，「周囲の農民たちのひとり」ということ．

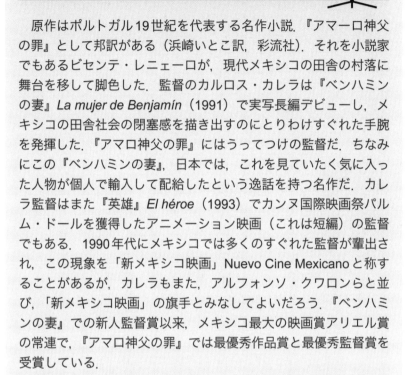

『アマロ神父の罪』について

　原作はポルトガル19世紀を代表する名作小説．『アマーロ神父の罪』として邦訳がある（浜崎いとこ訳，彩流社）．それを小説家でもあるビセンテ・レニェーロが，現代メキシコの田舎の村落に舞台を移して脚色した．監督のカルロス・カレラは『ベンハミンの妻』 *La mujer de Benjamín*（1991）で実写長編デビューし，メキシコの田舎社会の閉塞感を描き出すのにとりわけすぐれた手腕を発揮した．『アマロ神父の罪』にはうってつけの監督だ．ちなみにこの『ベンハミンの妻』，日本では，これを見ていたく気に入った人物が個人で輸入して配給したという逸話を持つ名作だ．カレラ監督はまた『英雄』 *El héroe*（1993）でカンヌ国際映画祭パルム・ドールを獲得したアニメーション映画（これは短編）の監督でもある．1990年代にメキシコでは多くのすぐれた監督が輩出され，この現象を「新メキシコ映画」Nuevo Cine Mexicano と称することがあるが，カレラもまた，アルフォンソ・クワロンらと並び，「新メキシコ映画」の旗手とみなしてよいだろう．『ベンハミンの妻』での新人監督賞以来，メキシコ最大の映画賞アリエル賞の常連で，『アマロ神父の罪』では最優秀作品賞と最優秀監督賞を受賞している．

　麻薬組織や政治組織との癒着，ゲリラとの関係の疑惑，姦通，堕胎など，教会の腐敗を描いてスキャンダラスなこの映画は，公開時かなり物議を醸したが，逆に興行成績も記録的なものだった．

　日本語で言う「罪」は多義的だが，スペイン語では宗教上の罪 pecado と犯罪 crimen は明確に使い分けられる．この作品の罪は後者．教会を扱った映画だけあって，告解のシーンは多い．前者の罪を告白することによって赦しを得るという宗教実践だ．告解を聞くのも神父の役目のひとつ．罪 pecado を決定し赦す神の代理人であるはずの人間が世俗の犯罪 crimen を犯す矛盾はやはり衝撃的だ．

㉗ キャロルの初恋
El viaje de Carol

イマノル・ウリベ監督

▶ **製作**◎アンドレス・サンナタ, フェルナンド・ボバイラ
▶ **原作**◎アンヘル・ガルシア゠ロルダン
▶ **脚本**◎イマノル・ウリベ, アンヘル・ガルシア゠ロルダン
▶ **撮影**◎ゴンサロ・ベリディ
▶ **出演**◎クララ・ラゴ, フワン・ホセ・バリェスタ, アルバロ・デ・ルナ, マリア・バランコ, ロサ・マリア・サルダ, ベン・テンプル他
▶ **製作年等**◎2002 年, スペイン, 104 分

ストーリー　　1938年，アメリカ人ロバート（テンプル）を父に持つキャロル（ラゴ）は母アウローラ（バランコ）の故郷スペイン北部の田舎町に疎開にやって来る．父は国際旅団に加わってスペイン内戦に参加している．母娘は祖父アマリオ（ルナ）の家に落ち着くが，ほどなく母は病死してしまう．キャロルはいったんは母の妹とその夫の家に引き取られるが，反乱軍派で厳格な夫婦とは折り合いが悪く，すぐに祖父の家に戻る．

　町で出会った悪ガキ軍団のリーダー格トミーチェ（バリェスタ）とは最初いがみ合うが，やがて仲良くなり，ふたりは初恋をはぐくんでいく．キャロルの誕生日には父が飛行機でプレゼントを届けてくれた．

　しかし，内戦は反乱軍の勝利によって終結．アマリオたちは肩身が狭くなる．ロバートは兵士に紛れてキャロルに会いに来るが，捕らえられてしまう．キャロルは父の両親に引き取られることになる．

Maruja: ¿Sabes? Bien visto, tú también estás en un capullo. Pero pronto se abrirá, quizás...

Carol: ¿Y yo me convertiré en una mariposa de seda?

Maruja: Sí, algo así.

◎　○　◎

マルーハ：ねえ，知ってる？　よく考えるとあなたも繭の中にいるのよね．でもやがて繭は破れるかもしれない……

キャロル：そしたらわたしは蝶になるのね？

マルーハ：そうね，そんなところね．

セリフの背景

　　マルーハ（サルダ）は町で個人教師をしている人物．かつてキャロルの母アウローラも教えた．その後，親友になったとのこと．滞在中，キャロルも教えを受けることになる．

　授業を受けるだけではない．初対面から信頼を感じたマルーハに，キャロルは何かと頼っている．母が死んだ時も，父に心配をかけまいと，母に成り代わっての手紙をマルーハに代筆してもらった．マルーハはつまり，単なる個人教師というより，年上の親友といった存在だ．

　『キャロルの初恋』は少女の成長の物語だ．成長の物語には，こうした年上の親友の存在が欠かせない．人が成長する時には通過儀礼（イニシエーション）が要求されるが，年上の親友とはその通過儀礼をほどこす者（イニシエーター）のことだ．

　このセリフも一種の通過儀礼．トミーチェと喧嘩して服も破けてしまったキャロルに声をかけ，ほころびを直してくれたマルーハが，「見てもらいたいものがあるの．たぶんニューヨークではこんなもの見た

ことがないはずよ」Quiero que veas una cosa: probablemente no hayas visto nada parecido en Nueva York と言って見せてくれたのが，温室の植物と，その手前にある蚕だった．驚き喜ぶキャロルに，この蚕から絹糸ができるのだと説明した後でマルーハが言ったセリフとそれに対するキャロルの反応が，このやりとり．キャロルの人生を蚕と繭，蛾にたとえて可能性を提示している．今はまだ繭かつぼみみたいなものだけど，やがて成長してあでやかな蝶になるのだと言っている．

　日本語では区別して呼ばれるけれども，スペイン語では蝶も蛾も区別はない．どちらも mariposa だ．キャロルはここで繭にたとえられるのだから，彼女はやがて蚕蛾になるというのが正しい．ただし，日本語ではやはり，「蛾」では聞こえが悪い．「蝶」とした．capullo de seda（絹糸の繭）の成虫だから，キャロルは mariposa de seda になると言っている．映画字幕では seda を活かして「絹の羽を持つ」と訳している．

---

① **¿Sabes?**：動詞 saber の現在形．話題を切り出すときに使う表現．

② **bien visto**：visto は動詞 ver の過去分詞．いわゆる分詞構文で，仮定を表している．「よく見ると，よく考えると」の意．

③ **capullo**：capullo de seda「蚕の繭」のこと．capullo はまた「つぼみ」の意でもある．

④ **se abrirá**：動詞 abrirse の未来形．主語は capullo.

⑤ **quizás**：「たぶん」の意の副詞．直前の動詞も推測を表す未来形になっているが，この語を添えることによって，ますます曖昧な言い方になっている．

⑥ **me convertiré**：動詞 convertirse の未来形．主語は yo．「変化する，変身する」の意．変化した後の様態は前置詞 en で示す．

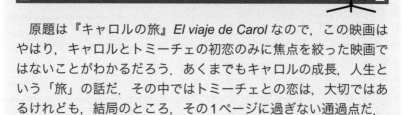

『キャロルの初恋』について

　原題は『キャロルの旅』*El viaje de Carol* なので，この映画は
やはり，キャロルとトミーチェの初恋のみに焦点を絞った映画で
はないことがわかるだろう．あくまでもキャロルの成長，人生と
いう「旅」の話だ．その中ではトミーチェとの恋は，大切ではあ
るけれども，結局のところ，その1ページに過ぎない通過点だ．

　実際，この映画では母が死に，父が捕らえられ，愛するトミー
チェまでが死んでしまうけれども，キャロルが涙に暮れるシーン
はない．葬儀シーンもなければ，死んだ母を発見した場面でも，
わめいたり叫んだりといった反応が描かれるわけでもない．キャ
ロルは実に気丈に見えるし，そのことが彼女をより魅力的な人物
に造形するのに役立っている．母の死後，妹夫婦のもとに暮らす
けれども，彼らとそりが合わずに祖父のもとに逃げ出す．そうし
た展開だけで充分にキャロルの心の傷は伝わってくるのだから，
よけいな説明は不要だということだ．

　スペイン内戦を直接描いた映画ではないけれども，その時代が
舞台になっているので，当然，内戦が影を落とさないわけにはい
かない．その点で，本書でも扱った『エル・スール』（28ページ）
や『蝶の舌』（68ページ）を彷彿とさせる．とりわけ，ガリシア
やカンタブリアなど，スペイン北部にロケした（ついでに言えば，
ポルトガルでも撮られた）本作は，後者を思い出させる．塀に囲
まれた狭い小径や，きらめく川面など，既視感のある光景だ．

　アウローラの妹とその夫でアウローラの元恋人だったアドリア
ンは反乱軍支持の守旧派で，アウローラの夫とアマリオは共和国
支持．トミーチェの父は共和派で捕らえられ，暗殺されたが，そ
の弟は治安警察 Guardia Civil の一員で，当然のことながら反乱軍
支持．というように，それぞれの家庭内も2派に分裂していて，
内戦の縮図が見て取れる．

27

キャロルの初恋

115

28 モーターサイクル・ダイアリーズ
Diarios de motocicleta

ヴァルテル・サレス監督

▶**製作**◎マイケル・ノジク，エドガード・テネンバウム，カレン・テンコフ
▶**脚本**◎ホセ・リベラ
▶**撮影**◎エリック・ゴーティエ
▶**音楽**◎グスターボ・サンタオラーリャ
▶**美術**◎カルロス・コンティ
▶**出演**◎ガエル・ガルシア・ベルナル，ロドリゴ・デ・ラ・セルナ，ミア・マエストロ他
▶**製作年等**◎2003年，イギリス，アメリカ，ドイツ，アルゼンチン，ペルー，126分

ストーリー　　アルゼンチンの医学生エルネスト・ゲバラ（ガルシア・ベルナル）が1952年，友人のアルベルト・グラナド（デ・ラ・セルナ）とともに中古バイクに乗って南米大陸縦断の旅に出る．中古のバイクは故障したりして言うことを聞かないが，若いふたりは本物の医者だと偽って急場をしのぎ，バイクの修理なども済ませてしまう．チリでは女を口説いたりと，いかにも若いふたりの元気な旅だ．

　が，とうとうバイクは修理不能になり，そこからはヒッチハイクで旅を進めることになった．チリ，ボリビアと旅をし，ペルーではクスコやマチュ・ピチュなどを経てリマに達する．リマで知り合いの医者からハンセン病患者の収容所を紹介され，アマゾン川沿いのその施設でインターンを務めるうちに，エルネストはすっかりラテンアメリカについての確かな認識と正義感に満ちた思想を抱くようになる．

Creemos, y después de este viaje más firmemente que antes, que la división de América en nacionalidades inciertas e ilusorias es completamente ficticia. Constituimos una sola raza mestiza desde México hasta el Estrecho de Magallanes. Así que, tratando de librarme de cualquier carga de provincialismo, brindo por Perú, y por América unida.

◎　◎　◎

　私たちは思います。ましてやこの旅の後では以前より強く思います。アメリカが不確かであてにならない国々に分断されていることはまったくの作り事なのだと。私たちはメキシコからマゼラン海峡までたったひとつの混血の人種を作っています。だから、地方主義のあらゆる重荷から自由になろうと努めながら、私はペルーに乾杯します。そして統一されたアメリカにも。

セリフの背景　ペルーのアマゾン川流域にあるハンセン病患者収容施設サン・パブロでの3週間の研修を終え、そこを離れる前日のパーティでのエルネストの演説。この日は彼の誕生日で、医者や看護師たちから祝ってもらい、この日のパーティでのエピソードにちなんで「マンボ・タンゴ号」と名づけられたいかだをプレゼントされた。それにこたえて行った小スピーチの内容が上のセリフ。

　ここで言う「アメリカ」とは、もちろん、アメリカ合衆国のことではない。アメリカ大陸およびカリブ海のあらゆる地域を指す言葉。ここでは「メキシコからマゼラン海峡まで」と言っているのだから、ラテンアメリカとみなしていい。ラテンアメリカがひとつなのだと、ここでエルネストは説いている。

モーターサイクル・ダイアリーズ

28

117

① **más**：比較を表す形容詞・副詞．比較の対象は接続詞 que で示す．

② **firmemente**：firme ＋ mente 形容詞の女性単数形に mente を加えると副詞になる．「強く」「固く」の意．

③ **división**：名詞．「分断」，「分割」の意味だが，ここでは「分断されていること，その状態」と考えるとわかりやすい．

④ **e**：接続詞の y は次の語が母音の i- で始まる時，e となる．

⑤ **completamente**：上の firmemente 同様，「形容詞の女性単数形」＋ mente の副詞．「完全に」の意．

⑥ **constituimos**：動詞 constituir の直説法現在形，一人称複数の活用形．直説法なので，事実の叙述をしている．つまり，現在既にラテンアメリカはひとつの人種なのだと述べている．

⑦ **desde**：「〜から」の意の前置詞．hasta とともに範囲を明示する．

⑧ **así que**：結果を表す副詞句．「だから」の意．

⑨ **tratando**：動詞 tratar の現在分詞．現在分詞は同時性を表す．tratar de …（＋不定詞）は「……しようとする」の意．

⑩ **librarme**：動詞 librarse の yo に対応する不定詞．直前の tratar de を受ける不定詞．「自由になる」の意．

⑪ **cualquier**：形容詞 cualquiera の語尾脱落形．単数名詞の前でこの形になる．「いかなる」，「どんな……も」の意．

『モーターサイクル・ダイアリーズ』について

　エルネスト・ゲバラ（1928-67）は チェ の愛称で知られる革命家．フィデル・カストロらとともにキューバ革命を成功に導き，しばらくキューバ政府に仕えたが，1967年，ボリビアでのゲリラ活動中に同国政府軍に捕まり，殺された．現在でも写真やイコンが世界中に流通する，20世紀を代表する人物．その彼がまだ革命とも無縁なブエノスアイレスの医大生だった頃に企てた旅の記録が原作．もともと『チェ・ゲバラ　モーターサイクル南米旅行日記』（現代企画室）のタイトルで邦訳もあったが，映画公開後『モーターサイクル・ダイアリーズ』（エルネスト・チェ・ゲバラ，棚橋加奈江訳，角川文庫）として出ている．

　監督は『セントラル・ステーション』（ブラジル，1998）でベルリン国際映画祭金熊賞を受賞したブラジルのヴァルテル・サレス（ウォルター・サレスとの表記もあり）．『セントラル・ステーション』同様，本作はいわゆるロード・ムーヴィーに分類できる作品だ．主人公の旅を中心に据えたこのジャンルは映画の本質を突いたものと言えるだろう．すぐれたロード・ムーヴィーの作り手は，すぐれた映画作家に違いない．製作総指揮に，サンダンス映画祭で若いサレスを見いだした俳優ロバート・レッドフォードが名を連ねている．主演の人気メキシコ人俳優ガエル・ガルシア・ベルナルがぜんそく持ちのアルゼンチンなまりの医学生を好演している．

　ゲバラの旅の日記をヒントにしたもうひとつの映画にフェルナンド・E・ソラナス『ラテンアメリカ　光と影の詩』（48ページ）がある．本書でも取り上げたソラナスは独特の映像美と幻想性，諧謔を持った映画作家だが，彼の作品と比較してみるのも面白いのではないか．とりわけ，主人公がインカ時代の空中都市マチュ・ピチュに立つシーンは示唆的だ．

29 carmen. カルメン
Carmen

ビセンテ・アランダ監督

▶**製作**◎フアン・アレクサンデル
▶**原作**◎プロスペル・メリメ
▶**脚本**◎ビセンテ・アランダ, ホアキン・ホルダ
▶**撮影**◎パコ・フェメニア
▶**出演**◎パス・ベガ, レオナルド・スバラグリア, ジェイ・ベネディクト, アントニオ・デチェント, ジョセフ・リヌエサ他
▶**製作年等**◎2003 年, スペイン, イギリス, イタリア, 118 分

ストーリー　　フランス人作家プロスペル・メリメ（ベネディクト）は，1830年のスペイン旅行中，奇縁から山賊のホセ（スバラグリア）とその情婦カルメン（ベガ）のふたりと知り合う．その後，コルドバで投獄されたホセを訪ねたメリメは，彼とカルメンとの物語を聞くことになる．

　衛兵伍長だったホセは葉巻工場で働くカルメンに翻弄されて降格させられ，嫉妬から上司の中尉を殺し，山賊に身をやつす．

　カルメンも仲間に加わったが，刑期を終えて合流した山賊仲間のリーダー，独眼のガルシア（デチェント）はカルメンの夫だという．金で買われたのだと言い訳するカルメンの口車に乗り，ホセは彼も殺す．

　しかし，どうやらカルメンの気持ちは，今度は闘牛士のルカス（リヌエサ）に移ってしまったらしい．ホセはふたりが関係を持っているまさにその場所に踏み込み，ルカスを殺すと，カルメンを奪って教会で問い詰め，彼女をも殺してしまう．

Dicen que la andaluza, para ser bella, debe tener tres cosas negras: las pestañas, las cejas y el cabello; y tres cosas blancas: el cutis, los dientes y las manos; y tres cosas sonrosadas: los pezones, los labios y las uñas.

◎　◎　◎

　アンダルシア女が美人とされるためには三つの黒いものがなければならないらしい．まつげと眉と髪だ．そして三つの白いものがなければならない．肌と歯と手だ．さらにはバラ色のものが三つ．乳首と唇と爪だ．

carmen. カルメン

セリフの背景　　アランダ版『カルメン』（正式な邦題は『carmen. カルメン』だが，省略する）の特長のひとつは，原作に忠実なことだとされる．『カルメン』というとカルメンと（ドン・）ホセの波瀾万丈の恋のストーリーが思い浮かべられるかも知れないが，実は原作小説は文庫版日本語訳（堀口大學訳，新潮文庫）にして100ページにわずかに満たないくらいの短い作品で，ドン・ホセの語るカルメンとの関係の物語は，4章構成のその小説の第3章をなすのみだ（一番長い章ではあるが）．1, 2章では，「私」を名乗る人物（メリメと思われる）が考古学的調査のためにスペインに旅をし，そこでホセに，ついでカルメンに出会った経緯を語る．アランダはこの1, 2章に相当する部分も映画化している．他のヴァージョンの『カルメン』が無視しがちなこの部分を取り入れたという意味で「原作に忠実」なのだ．

　カルメンと出会った直後，メリメが彼女の魅力について考えるこのセリフは，確かに原作から取られたものだが，厳密な意味では忠実な再現ではない．原作では「アンダルシア女」の魅力でなく，「スペイン

人」に言わせると美人の条件は30あると書かれている．そしてそれらの条件の一部が，「彼女は三つの黒いものを持たなければいけない．それは目と睫と眉だ．三つのきゃしゃなもの，それは指と唇と髪の毛だ，等々」（新潮文庫，29ページ）とされるとのこと．微妙な差が気になるところ．

　いずれにしろ，こうしたスペインもしくはアンダルシアの風習についてのうんちくが，メリメの小説の魅力のひとつなのだし，読み継がれる理由でもある．さすがに小説の第4章に展開されるロマ（ジプシー）についての考察は映画では表現しようがないものの，アランダは，たとえばドン・ホセがバスク地方の出身であり，それに気づいたカルメンがバスク語で話しかけて彼の気を惹こうとするくだりなども描き，知識をひけらかすような原作の雰囲気を再現しようとしている．ちなみに主役のパス・ベガはセビーリャ出身のアンダルシア女．生まれついての訛りを（いささか強調しているとは思うが）披露して生き生きとしている．

---

① **Dicen que**：dicen は動詞decir の現在形．主語は三人称の複数だが，これは特定の「彼ら」ではなく，無人称．「……らしい，と言われている」など，伝聞の表現．

② **la andaluza**：Andalucía の地名形容詞andaluz の女性形．形容詞は冠詞を伴って名詞になるので，ここでは「アンダルシア人（女性）」の意．一般論なので単数で述べている．

③ **para ser bella**：para は目的を表す前置詞．「きれいになるためには」．以上をまとめて意訳すると，「アンダルシアでは女がきれいだとされるには黒いものが三つなければならないとのこと」というような意味．

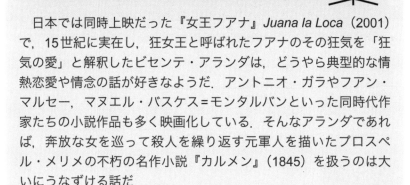

『carmen. カルメン』について

　日本では同時上映だった『女王フアナ』*Juana la Loca*（2001）で，15世紀に実在し，狂女王と呼ばれたフアナのその狂気を「狂気の愛」と解釈したビセンテ・アランダは，どうやら典型的な情熱恋愛や情念の話が好きなようだ．アントニオ・ガラやフアン・マルセー，マヌエル・バスケス＝モンタルバンといった同時代作家たちの小説作品も多く映画化している．そんなアランダであれば，奔放な女を巡って殺人を繰り返す元軍人を描いたプロスペル・メリメの不朽の名作小説『カルメン』（1845）を扱うのは大いにうなずける話だ．

　自由奔放な性格で男を魅了し，翻弄し，狂わせ，場合によっては最終的に男に殺される女．そんな女性像を小説は数多く産み出してきた．物語形式である映画もそれを多く取り入れてきた．こうした女性の典型を，19世紀末に流行った言葉で「宿命の女」（ファム・ファタル）と言う．現代日本の俗な表現に言う「魔性の女」に近いだろうか．カルメンはそんな「宿命の女」の典型だ．アランダが「宿命の女」を扱うのだから，『カルメン』はさぞかし強烈な情念劇になるだろうと思いきや，セリフのページで述べたように，原作の雰囲気を再現しており，味がある．

　原作の雰囲気を再現しているのはセリフやストーリーだけではない．舞台のモデルとなった葉巻工場の外観（現セビーリャ大学本部棟），コルドバのメスキータ，ローマ橋など，小説『カルメン』の雰囲気を今に伝える建造物に実際にロケしており，19世紀初頭のアンダルシア地方が再現されている．現実の場所ではないが，葉巻工場の内観はコルドバの王立厩舎に作られたセットで，これが負けず劣らず雰囲気を醸し出している．美術監督ベンハミン・フェルナンデスの労作だ．

　原作の忠実な再現ではないが，映画の冒頭には19世紀末キューバの思想家ホセ・マルティの言葉がエピグラフとして掲げられている．

③ 海を飛ぶ夢
Mar adentro

アレハンドロ・アメナーバル監督

▶**製作**◎フェルナンド・ボバイラ
▶**脚本**◎アレハンドロ・アメナーバル, マテオ・ヒル
▶**撮影**◎ハビエル・アギレサロベ
▶**音楽**◎アレハンドロ・アメナーバル
▶**出演**◎ハビエル・バルデム, ベレン・ルエダ, クララ・セグーラ, ロラ・ドゥエニャス 他
▶**製作年等**◎2004 年, スペイン, フランス, 125 分

ストーリー

　　25歳の夏に，岩場から海へ飛び込み海底に頭を打ったために四肢麻痺になってしまったラモン（バルデム）は，兄夫婦の世話になりながら寝たきりの日々を過ごしていた．そんな生活も 26 年目を迎えた頃，彼は尊厳死を望み，支援団体のジュネ（セグーラ）とコンタクトを取る．尊厳死が違法だった当時のスペインで，その権利を勝ち取るために弁護士フリア（ルエダ）の協力も仰ぐことになる．フリアは裁判所への折衝など，可能な手段に出るが，自身，病に冒されているフリアは，ことさらラモンに肩入れし，一度は心中を図る．また，ラモンが口にペンをくわえて詩や手記を書いていることを知り，それらをまとめて出版する手助けもする．一方，テレビでラモンのことを知り，支援を申し出る女性も現れる．法的権利を勝ち取ることのできなかったラモンは友人たちに頼み，それぞれが法に触れない範囲内での準備をしつつ，最終的に青酸カリを飲んで死ぬ．

　スペインで実際にあったラモン・サンペドロの尊厳死の事例をもとに，彼の手記『地獄からの手紙』（邦題『海を飛ぶ夢』）を脚色して描いた作品．

Fíjate en esto: tú estás ahí sentada, a menos de dos metros. ¿Qué son dos metros? Un recorrido insignificante para cualquier ser humano. Pues para mí esos dos metros, necesarios para llegar hasta ti y poder siquiera tocarte, son un viaje imposible, son una quimera, ¡un sueño! ... Por eso quiero morir.

◎　◎　◎

　いいかい，君はそこに，2メートルに満たない場所に座っている．その2メートルってのがどんなものか？　普通の人間にとっては何てことのない距離だ．でもぼくにとってはその2メートルが，君のところまで行き，せめて君に触れるためにも必要なその距離が，不可能な旅に，幻想になるんだ……だから死にたいんだよ．

セリフの背景　　ラモンを支援する団体のジュネに連れられ，フリアが初めてやってきて会見するオープニング間もないシーンのセリフ．フリアは尊厳死を望むラモンに対し，考えられる反論として，他の生き方を探らないのはどういうわけか，というのがあるだろうと話す．たとえば車いすに乗って生きるという手段がある，と．それに対してラモンは「車いすを受け入れるってことは，ぼくにとっては，……ぼくの自由だったころの残りクズみたいなものを受け入れることだからだ」として説明を続け，このセリフを発する．このラモンのセリフの間，カメラは彼とフリアの手の間の距離を映し出す．布団の上に出されたラモンの手から，2メートルどころか，わずか20センチばかりのところにフリアの手が置かれている．しかし，首から下の動かないラモンは，彼の意志でフリアの手に触れることができないと訴えているのだ．ラモンの意志に説得力を与えると同時に，やがてふたりが取り結ぶ関係をも暗示してい

るようでもある．尊厳死というテーマに観る者を引き込んで圧倒的な
シーンとセリフだ．

---

① **fíjate**：動詞 fijarse の命令形．「気に留める」，「注意す
る」の意．注意を向ける先は en で示す．聞き手の注意
を喚起する際によく使われる頻出表現．

② **esto**：中性の指示代名詞．「このこと」．ここでは「こ
れから言うこと」の意．

③ **a menos de dos metros**：位置を示す前置詞 a．estar a dos metros de ...
「……から2メートルのところにある，いる」というように使う．menos
de ...「……より少ない」

④ **cualquier**：「どんな……でも」を意味する不定の形容詞 cualquiera の
語尾消失形．単数名詞の前でこの形になる．

⑤ **ser humano**：ser はここでは名詞．「存在」の意味．ser humano は，だ
から，「人間存在」，つまり「人間」．

⑥ **siquiera**：副詞．否定とともに用いられると「……さえ（ない）」と，
否定を強調する意味になるが，そうでない時は，限定の意味．「せめて」，
「少なくとも」

⑦ **quimera**：古代ギリシャからの空想の生き物キマイラに由来する語．
「空想」などの意味．ここでは「夢」の同義語のように用いられている．

⑧ **por eso**：por は理由説明の前置詞．eso はその前の発話内容を受ける
中性の指示代名詞．続けると「だから」の意．

⑨ **quiero morir**：quiero は動詞 querer の活用形．現在形，一人称単数．
動詞の不定詞を従え，願望を表す．「～したい」

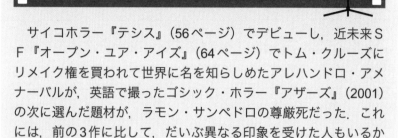

『海を飛ぶ夢』について

　サイコホラー『テシス』（56ページ）でデビューし，近未来Ｓ
Ｆ『オープン・ユア・アイズ』（64ページ）でトム・クルーズに
リメイク権を買われて世界に名を知らしめたアレハンドロ・アメ
ナーバルが，英語で撮ったゴシック・ホラー『アザーズ』（2001）
の次に選んだ題材が，ラモン・サンペドロの尊厳死だった．これ
には，前の3作に比して，だいぶ異なる印象を受けた人もいるか
もしれない．

　『テシス』を「サイコサスペンス」，『オープン・ユア・アイズ』
を「ＳＦ」，『アザーズ』を「ゴシック・ホラー」などとジャンル
で示せば，なるほど，事実を基にした「感動作」，「ヒューマン・
ドラマ」の本作は違和感を与えるかもしれない．しかし，この映
画作家が一貫して扱ってきたのが，死と生の曖昧な境や，死の影
に包み込まれた生のあり方であることを考えれば，『海を飛ぶ夢』
はアメナーバルにとって決して珍しい題材ではない．

　2004年ヴェネチア国際映画祭審査員特別賞などを受賞，翌年に
はゴールデン・グローブ賞外国語映画賞，アカデミー賞外国語映
画賞などを受賞している．同年，同じく尊厳死を扱ったクリン
ト・イーストウッド監督『ミリオンダラー・ベイビー』も話題を
呼び，期せずして共振するかの印象を与えた．

　原題の *Mar adentro* は通常は「沖へ」を意味する句．映画内で
朗読されるサンペドロの詩にも出てくる句だが，そこでは「海の
中へ」とも理解できる表現になっている．

　また，『蝶の舌』（68ページ）など他の監督の作品で音楽を担当
し多才さを発揮するアメナーバルだが，この作品でもみずから音
楽を担当し，美しい曲を数々，挿入している．

海を飛ぶ夢

㉛ そして、ひと粒のひかり
María Full of Grace

ジョシュア・マーストン監督

▶**製作**◎ポール・メゼイ
▶**脚本**◎ジョシュア・マーストン
▶**撮影**◎ジム・デノールト
▶**編集**◎アン・マッケイブ, リー・パーシー
▶**出演**◎カタリーナ・サンディノ・モレノ, イェニー・パオラ・ベガ, ジョン・アレックス・トロ, ギリエ・ロペス, パトリシア・ラエ他
▶**製作年等**◎2004 年, アメリカ, コロンビア,　101 分

ストーリー　コロンビアの田舎町のバラの出荷工場で働く17歳のマリア（サンディノ・モレノ）は恋人の子を身籠もっているが，結婚できそうにない．マリアの家族は彼女のわずかな収入に頼るばかり．ある日彼女は知人から麻薬の運び屋，通称mula（ラバの意）の仕事を斡旋される．ブドウ粒大のサックに入れた麻薬を大量に飲み込み，旅行者を装ってニューヨークに潜入，そこで体内から麻薬を取り出して仲間に引き渡すという仕事だ．工場での友だちブランカ（ベガ）や，元締めのところで知り合ったルーシー（ロペス）らとともに，マリアはこうしてニューヨークに渡る．

　腹の中でサックが破けたルーシーが組織の者に葬られ，危険を感じたマリアはブランカとともに逃げ出し，ルーシーの姉カルラ（ラエ）の家に身を寄せる．カルラの知り合いの弁護士のはからいでふたりはコロンビアに帰ることになるのだが，マリアは居残る決心をする．

La verdadera razón porque me quedo acá es mi hijo. Porque él tendrá muchas más oportunidades.Es que yo no me imagino estar criando a mi hijo en Colombia como está la situación. Me duele mucho decirlo, pero es la verdad.

◎　◎　◎

　私がここに居残る本当の理由は，私の息子なの．だってここにいた方が彼にはチャンスが多くなるから．　コロンビアのあんな状況の中で子供を育てるなんて，想像できない．　こんなことを言うのはとても辛いけれども，それが真実なのよ．

セリフの背景　マリアはルーシーから姉カルラの話を聞いていた．ルーシーはニューヨークに住むカルラに憧れ，運び屋の仕事のついでに立ち寄ろうかと考えたことがあるけれども，何と説明すればいいのかわからず，訪問を断念したのだという．行く場所に困ってカルラのもとに身を寄せたマリアは，しかし，ルーシーのことを正直にカルラに話せずにいる．婦人科の病院でエコーを撮ってもらい，胎児を確認したマリアは，同じ日，事情を打ち明けた弁護士のドン・フェルナンドからルーシーの死体が見つかったことを教えられる．カルラに話すようにと説き伏せるドン・フェルナンドだが，マリアはどうしても話せない．気に病んでコロンビアに帰ろうかと思うと告げるマリアに対し，カルラが言ったのが上のセリフ．カルラもお腹に子供を宿していたのだ．彼女はニューヨークに来たばかりのマリアの気持ちがわかると伝える．自分も心配だったし，実家に電話した時には心細くなったと．しかし，最初に送金した時には幸せに感じたし，今では子供のためにニューヨークに残

そして、ひと粒のひかり

る決心がついているのだと．コロンビアの悲惨と夢の国アメリカ合衆国の対比の中でのひとつの典型的な決断の形と言えるだろう．

---

① **porque**：接続詞だが関係代名詞句 la razón *por la que* のように使われている．

② **me quedo**：再帰動詞 quedarse の現在形．「居残る」の意．マリアは「立ち去る，帰る」（irse）意志を表明しているが，quedarse はこれに対比される行為．

③ **acá**：aquí と同意．「ここ」の意．中南米で広く用いられている．

④ **muchas más oportunidades**：más は mucho の比較級．「より多くの」．muchas はこの場合 más を強調する副詞ではなく，más の次に名詞が来ているので，その名詞に性数を合わせた形容詞として使われている．

⑤ **es que**：軽い理由説明に使われる表現．

⑥ **yo no me imagino estar criando**：知覚動詞（ver, oír など）＋目的語＋不定詞で「……（目的語の人物）が～（不定詞の動作）をするのを見る（聞く，等々）」の構文を作る．ここでの知覚動詞は imaginar, 目的語は me「私自身」．結果として再帰動詞になっている．「自分自身が estar criando するのを想像する」．Estar criando は criar の進行形の不定詞．

⑦ **como**：関係副詞．様態，状況を表す．

⑧ **me duele**：動詞 doler「痛む，悲しまれる」は gustar などと同様，間接目的語の人物の主観を表す．主語は，ここでは decirlo「それを言うこと」．

130

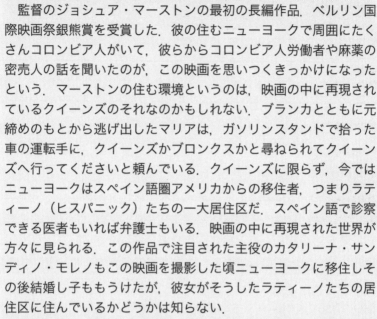

『そして、ひと粒のひかり』について

　監督のジョシュア・マーストンの最初の長編作品．ベルリン国際映画祭銀熊賞を受賞した．彼の住むニューヨークで周囲にたくさんコロンビア人がいて，彼らからコロンビア人労働者や麻薬の密売人の話を聞いたのが，この映画を思いつくきっかけになったという．マーストンの住む環境というのは，映画の中に再現されているクイーンズのそれなのかもしれない．ブランカとともに元締めのもとから逃げ出したマリアは，ガソリンスタンドで拾った車の運転手に，クイーンズかブロンクスかと尋ねられてクイーンズへ行ってくださいと頼んでいる．クイーンズに限らず，今ではニューヨークはスペイン語圏アメリカからの移住者，つまりラティーノ（ヒスパニック）たちの一大居住区だ．スペイン語で診察できる医者もいれば弁護士もいる．映画の中に再現された世界が方々に見られる．この作品で注目された主役のカタリーナ・サンディノ・モレノもこの映画を撮影した頃ニューヨークに移住しその後結婚し子ももうけたが，彼女がそうしたラティーノたちの居住区に住んでいるかどうかは知らない．

　サンディノ・モレノは実際，この作品でアカデミー主演女優賞にノミネートされて評価を高め，以後，マイク・ニューウェル『コレラの時代の愛』（2007），スティーヴン・ソダーバーグ『チェ』（152ページ〜）などに出演して活躍している．

　ところで，サンディノ・モレノ演じるマリアは，複雑な内面を持っている．セリフのページで紹介したカルラのように，家族に仕送りすることに喜びを見いだすタイプではない．逃亡するのに麻薬を持ち出したブランカのように，金に執着しているわけでもない．冒頭，バラの棘で手を刺したらしいマリアがそれをかなり気にしている様子が見られるが，マリアはこのように，とても小さな快適さや居心地といったものにこだわる人物だ．ニューヨークを目指すのには三人三様の理由がある．

31

そして、ひと粒のひかり

32 今夜、列車は走る
Próxima salida

ニコラス・トゥオッツォ監督

▶**製作**◎マルコス・ネグリ, パブロ・ラト
▶**脚本**◎マルコス・ネグリ, ニコラス・トゥオッツォ
▶**撮影**◎パブロ・デレーチョ
▶**音楽**◎セバスティアン・エスコフェット
▶**出演**◎ダリオ・グランディネッティ, ウリセス・ドゥモント, オスカル・アレグレ, バンド・ビリャミル, パブロ・ラゴ, ナウエル・ペレス＝ビスカヤート他
▶**製作年等**◎2004年, アルゼンチン, 110分

ストーリー

　アルゼンチン，サン・ルイスの町に通っていた鉄道路線が，民営化によって廃止されることになった．カルロス（グランディネッティ）を始めとする労働者たちは，依願退職の書類にサインすれば補償金がもらえると決断を迫られる．ひとりブラウリオ（ドゥモント）だけはサインを拒み，駅の整備工場に居座る．ゴメス（アレグレ）は，他に仕事が見つからず，サンドイッチマンになる．病気の子を抱えるダニエル（ラゴ）はやっとのことでスーパーの警備員になる．アティリオ（ビリャミル）は運送の仕事を始めるが，偽札をつかまされたりと散々だ．

　カルロスは家の退去命令を受けた翌日，水漏れを直そうと朝から奮闘する．その間，ブラウリオは死に，ゴメスはダニエルが警備するスーパーに強盗に押し入る．ゴメスの犯行を伝えるテレビのニュース番組でのキャスターの論調に憤りを感じたカルロスはスタジオに押しかけ，自分たちの立場を説明する．その時スーパーの脇を列車が走り抜け，カメラはその姿を映し出す．

DVD¥4,950（税込）
発売元：Action Inc

132

**No estoy seguro que se pueda cambiar el destino.
Pero sí creo que debemos hacer todo lo que está
a nuestro alcance para cambiar las cosas que
no nos gustan.**

◎　◎　◎

　運命が変えられるかどうかはっきりとはわからない．
でも，気に入らないことを変えるには，できることか
ら何でもやらなければならないんだとは思う．

今夜、列車は走る

セリフの背景　鉄道会社の民営化後，赤字路線廃止の方針が打ち出
された時の労働組合委員長アンヘルは思い悩んで自殺
してしまう．冒頭，そのことを息子のアベル（ペレス
＝ビスカヤート）が説明するナレーションが入る．苦
悩し，最後にはこめかみにピストルをあてるアンヘルの姿とテレビで
話をするカルロスの姿，そして雨の中を走る3人の少年少女の姿が交
互に流れる．この3人の少年少女のひとりがアベル．彼らが雨の中を
走る姿は映画の中盤にも繰り返される．こうしてクライマックスのシ
ーンを先取りし，予告しているのだ．
　ゴメスが強盗に押し入り，テレビ中継のクルーと警官隊，それに野
次馬がごった返すスーパーの脇や，エンストして途方に暮れるアティリ
オがいる道路の脇を，「列車は私たちのもの」"EL TREN ES NUESTRO"
と書いた横断幕を掲げて通る列車は，アベルたち3人の少年少女が動
かしたものだ．テレビ・クルーも強盗事件の中継を忘れて，再び走り
出した列車に見とれている．その間，店内のテレビ画面に見入ってい
たゴメスは，警察の狙撃手によって射殺されてしまう．ゴメスを抱き
かかえるダニエル．そこにヴォイスオーヴァーで流れるのが，アベル
によるこの語り．

出口なしの閉塞状況を自分たちの意志でどうにか変えたいと望むアベルの語りはこの前後，いろいろな場面にかぶせられて流れる．できれば全文を紹介したいところ．とりわけ，映画のキャッチコピー「出口はきっとある」に採用された一節，「オヤジに出口が見えなかったのはなぜかと，いまだにぼくは自問している．ぼくはなにがしかの出口はあるに違いないと確信している．それを見つけるまで立ち止まらない」Todavía me pregunto por qué mi viejo no vio ninguna salida. Yo estoy seguro que alguna tenía que haber. No voy a parar hasta encontrarla も忘れられない．けれども，希望をただ表明するだけでなく，「できることから（手もとにあることから）」やらなければならないというこの姿勢が，メッセージとしては有効であるはずだ．行動からしか未来は開けない．手をこまねいているだけでは何も変わらないということだ．

　少年たちがこうして行動に出るところに，未来への希望を見いだそうとしているところが，この映画の何よりもポジティヴな側面．

---

① **no estoy seguro**：estar seguro「確実だ，わかっている」は次に前置詞 de を従えるが，que 節が来る場合，省略されることもある．

② **se pueda cambiar**：動詞 poder に cambiarse が続いた形．pueda は poder の接続法現在形．que の前が no estoy seguro なので接続法になる．

③ **sí**: 前の文章の no との対比を形成する．

④ **todo lo que**：lo que は前置詞を含む関係代名詞．英語の what に相当．

⑤ **está a nuestro alcance**：estar al alcance de ...「……の手もとにある」の意．ここでは所有形容詞を使って a nuestro alcance「私たちの手もとにある」と言っている．

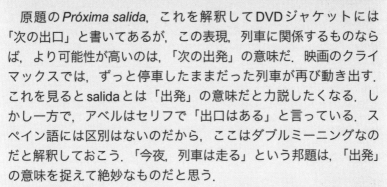

『今夜、列車は走る』について

　原題の*Próxima salida*，これを解釈してDVDジャケットには「次の出口」と書いてあるが，この表現，列車に関係するものならば，より可能性が高いのは，「次の出発」の意味だ．映画のクライマックスでは，ずっと停車したままだった列車が再び動き出す．これを見るとsalidaとは「出発」の意味だと力説したくなる．しかし一方で，アベルはセリフで「出口はある」と言っている．スペイン語には区別はないのだから，ここはダブルミーニングなのだと解釈しておこう．「今夜，列車は走る」という邦題は，「出発」の意味を捉えて絶妙なものだと思う．

　1989年に就任したカルロス・メネム大統領の通貨高値安定政策と新自由主義的な政策によって，アルゼンチンの経済は破綻へと向かう．そんなメネムが1991年に実行した政策が鉄道の民営化．この映画はその時代を背景にしている．新自由主義の市場原理による世界の単一化，つまりグローバル化の時代に参入していったというわけだ．映画内でも，カルロスの隣人オスワルドが，ネズミ講まがいの怪しげな商売で財を蓄え，カルロスにそれがグローバル化の時代だと説くシーンがある．

　こうした現代社会にとって節目となる時代を捉えてドラマ化し，カルタヘナ映画祭（カルタヘナはコロンビアの都市）最優秀新人監督賞を受賞したのは，製作時34歳だったニコラス・トゥオッツォ．本書でも取り上げたフェルナンド・ソラナスらの監督が輩出された1960年代の状況を新アルゼンチン映画Nuevo Cine Argentinoと呼ぶが，90年代に入ってからの新人監督の台頭ぶりはめざましく，それを第二の新アルゼンチン映画と呼ぶ者もいる．ルクレシア・マルテルなどはペドロ・アルモドバルに気に入られる佳作を発表している（残念ながら日本で上映はされたものの，DVD化にはいたっていない）が，トゥオッツォはこの世代よりもさらに若い．

今夜、列車は走る

33 タブロイド
Crónicas

セバスティアン・コルデロ監督

▶**製作**◎アルフォンソ・クワロン, ギジェルモ・デル・トロ, ホルヘ・ベルガラ他
▶**脚本**◎セバスティアン・コルデロ
▶**撮影**◎エンリケ・チェディアック
▶**美術**◎エウヘニオ・カバリェロ
▶**出演**◎ジョン・レギサモ, レオノール・ワトリング, ダミアン・アルカサル, ホセ・マリア・ヤスピック他
▶**製作年等**◎2004 年, メキシコ, エクアドル, 98 分

ストーリー　マイアミのスペイン語放送局のレポーター, マノロ（レギサモ）が, プロデューサーのマリサ（ワトリング）, カメラマンのイバン（ヤスピック）のクルーを伴ってエクアドルに乗り込み, 連続児童殺人事件に関するルポルタージュの作成にとりかかる. 折から, トラックで少年を轢き殺したとして逮捕された聖書販売員のビニシオ（アルカサル）が, 連続殺人犯についての情報を持っているので, それと引き換えに自らの冤罪を晴らす番組を作ってくれと持ちかける. 取引に応じたマノロはビニシオのインタビューをカメラに収める. しかし, 様々な状況から, ビニシオこそが問題の児童殺人犯「ババオヨの怪物」なのではないかとの疑念が頭をもたげてくる. やがてそのことを確信したマノロは, ビニシオのインタビュー番組を流すことを直前でやめようとするが, 結局は放送されてしまう. 番組は反響を呼び, 即座にビニシオは釈放される. 解放されたビニシオは妻の連れ子を学校から連れ出して失踪する. マノロたちは急いで国を離れる.

Es muy hábil para saber qué es lo que necesita cada persona: puede ser caramelo; un dinerito. Muchas veces pretende necesitar ayuda, y buscamos ganarnos su confianza. Pero ya cuando los tiene bajo su control, disfruta contándoles paso a paso lo que les va a hacer.

◎　◎　◎

ひとりひとりに何が欲しいのかって実にうまく聞き出すんですよ。アメかな，お金かなって。しばしば助けて欲しいというふりをするから，こっちはどうにかして安心してもらおうという気になるんですね。でもいったん子供たちの心をつかんだとなると，これから彼らをどうするつもりか，ひとつひとつ語って聞かせて喜びます。

セリフの背景

墓地から飛び出してきた子供を轢いてしまったかもしれないビニシオは，その場で子供の父親や群衆からリンチを受ける。父親も彼も刑務所に入れられるが，父親が襲ってくるかもしれないと恐れている。そこで「ババオヨの怪物」（字幕ではただ モンスターとされる）についての情報を与えるから，自分を擁護するビデオを制作してくれとマノロに哀願する。仕事に出かけた旅先で「ババオヨの怪物」と知り合い，犯行の一部始終を教えてもらったのだという。もちろん，最初マノロは信じないが，警察も知らない場所に埋められた死体のことを話し，情報がデタラメでないことを証明する。

そうなると今度はビニシオが「ババオヨの怪物」本人かもしれないとの疑いも出てくるが，ともかくこの事件に関して情報の欲しいマノロは，彼の願いに応じる。自分の無実についてはともかく，このことに関してはカメラの前ではしゃべれないと渋るビニシオに，マノロは「安心しろ」confíameと言って語ってもらう。そうしてビニシオが語っ

た「ババオヨの怪物」の手口が，このセリフ．子供たちを合意の上で誘拐するのだとして，その手口を紹介している．

　ビニシオはマノロが何を望んでいるか良く知っているし，ビデオを作って助けて欲しいと訴える．そしてマノロはそんなビニシオを安心させようとする．ビデオができるころにはマノロは，マリサに「すっかり関係が逆転している」，「まるでビニシオに支配されているみたいだ」となじられる始末．つまりビニシオのこのセリフは，彼自身がマノロをだます手口そのものを語っているのだ．背筋が寒くなるような一節だ．

① **es hábil**：para + 不定詞を従えて，「……するのがうまい」の意．

② **puede ser caramelo; un dinerito**：前の文の「何を欲しがっているか」の説明．dinerito は dinero に縮小辞 -ito のついた形．また，お金は不可算名詞だが，ここでは不定冠詞つきで，「いくばくか」の意味を与えている．

③ **buscamos ganarnos su confianza**：buscamos の主語は nosotros だが，これは一般人称的な「私たち」のこと．次に動詞の不定詞を従えて，「……しようとする」の意．

④ **los tiene bajo su control**：tener は目的語と，それを形容する形容詞（句）や副詞（句）を従えて使い，ある種の関係を表す．

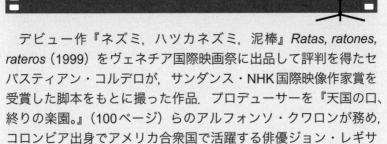

『タブロイド』について

　デビュー作『ネズミ，ハツカネズミ，泥棒』*Ratas, ratones, rateros*（1999）をヴェネチア国際映画祭に出品して評判を得たセバスティアン・コルデロが，サンダンス・NHK国際映像作家賞を受賞した脚本をもとに撮った作品．プロデューサーを『天国の口，終りの楽園。』（100ページ）らのアルフォンソ・クワロンが務め，コロンビア出身でアメリカ合衆国で活躍する俳優ジョン・レギサモ（レグイザモとして知られている）や，『トーク・トゥ・ハー』（104ページ）で昏睡する美女を演じたレオノール・ワトリングらが出演している．

　『タブロイド』ではふたつの局面を描きたかったとコルデロは述べている．つまり，一方でマイアミに拠点を置き，全ラテンアメリカに流される巨大な放送網のテレビ番組とその最新鋭の機器を担ぐ人々．そしてもう一方でラテンアメリカの地方都市の貧民街に住む人々の様子だ．とりわけこの映画を印象深くしているのは，ビニシオの家族が住む水上家屋だろう．映画のためにいくつか建て増ししたり，改修したりしたのだという．家へ向かう板と葦張りの橋を渡る途中，イバンが目が眩んで歩けなくなるシーンがあるが，同様のめまいにワトリングが襲われるさまが，DVD特典映像のメイキング・フィルムには収められている．高所恐怖症の者にはつらいところ．そんなワトリングが演じる，携帯電話で始終マイアミと連絡を取り合うプロデューサーと，その彼女が働く巨大放送局も，ラテンアメリカの現実であることは間違いない．最大の放送局網はメキシコのテレビサ Televisa グループで，これは合衆国のスペイン語放送局も傘下に収めているが，こうした局が配信する番組は，広くラテンアメリカ全土に伝わる．そんな現実のメディアが想起される．

　映画のコンセプトは，実際に起こってメディアを騒がせたふたつの連続殺人鬼のニュースに触れたことから湧いたのだという．メディアのモラルを考えさせる作品だ．

㉞ ウィスキー
Whisky

フアン・パブロ・レベージャ監督
パブロ・ストール監督

▶**製作**◎フェルナンド・エプステイン, クリストフ・フリーデル, エルナン・ムサルッピ
▶**脚本**◎レベージャ, ストール, ゴンサロ・デルガド・ガリアーナ
▶**撮影**◎バルバラ・アルバレス
▶**音楽**◎ペケーニャ・オルケスタ・レインシデンテス
▶**出演**◎アンドレス・パソス, ミレージャ・パスクアル, ホルヘ・ボラーニ, アナ・カッツ, ダニエル・エンドレール他
▶**製作年等**◎2004 年, ウルグアイ, アルゼンチン, ドイツ, スペイン, 94 分

ストーリー

ウルグアイで小さな靴下工場を営むハコボ（パソス）のもとに, ブラジルで同じく工場を営む弟のエルマン（ボラーニ）が, 母親の墓石の建立のために訪ねてくることになった. ハコボは工場で働くマルタ（パスクアル）に, その間, 妻のふりをしてくれと頼む. マルタは承諾する.

兄弟は長いこと疎遠になっていたので, 関係はぎこちない. 墓の建立式も終えて3人で食事をしている時に, エルマンはブラジルに帰る前に海岸沿いのリゾート地ピリアポリスに旅行しようと申し出る. 気の進まないハコボだが, 招待を受け入れて3人で行くことになる.

ピリアポリス旅行の最終日, ハコボは夜中にひとりカジノで大もうけする. その間, マルタはエルマンの部屋に出向く. 翌日, エルマンは帰国. マルタとハコボも自宅に戻る. そのさらに翌日には, マルタは工場に姿を現さなかった.

Jacobo, vos sabés que para mí no fue nada fácil estar todo este tiempo lejos de mamá. Además, sabiendo que vos tenías que llevar todo el peso de la enfermedad, lidiar con el problema de la fábrica.

◎ ◎ ◎

ハコボ，知ってのとおり，この間ずっとおふくろから遠く離れていたので，私も気が気ではなかった．それに君が病気の面倒を見る苦労を全部背負っていることを，工場の問題と格闘しなければならないということを知りながら離れていたんだからな．

セリフの背景 ピリアポリスでの旅の最後の晩，ホテル内のナイトクラブだろうか，3人は酒場にいる．前方の舞台では音楽に合わせて女の子が歌っている．女の子は家族と一緒に旅行に来ているのだということが後にわかる．今，女の子の歌を聴きながら会話のない3人は，ただ無表情に舞台を眺めている．そのうち，マルタがトイレに立つ．その間にエルマンがハコボに言ったセリフの前半部が，これ．

　ハコボは母が死んでから1年も経ってやっと墓石を建立することにしたのだった．その母の葬式には来られなかった弟のエルマンがやって来るのに合わせ，ハコボは結婚しているふりをしたいらしい．映画『ウィスキー』の前半部では，来訪者としての弟に対するハコボの複雑な思いがさまざまな形で描写される．

　従業員はマルタを含め3人，使っている機械は失敗して靴下に穴を開けてしまうような古びた代物だし，事務室のブラインドは壊れているし，といった具合で，ハコボの工場は見るからにわびしい．そこへ

ウィスキー

現れた同業者のエルマンは，空港で会うなりハコボに自分の工場の新作の立派な靴下を手渡して仕事の順調ぶりをアピールする．ハコボやマルタを誘って行ったピリアポリスのホテルもずいぶんと立派だ．無口なハコボやマルタとは対照的に，エルマンはまた，よくしゃべって陽気だ．この両者の違いが映画に独特のおかしみと味を出している．

　ところが，クライマックスと言っていい場面でのこのセリフによって，ハコボのエルマンに対する複雑な心境の理由らしいものが一気に説明される．ハコボは1年前に母を看取るまで，独身で病気の母の介護を一手に引き受けていたのだ．しかも葬儀にすら帰らなかった弟の帰国を待って墓石を立てることになった．つまり，介護を引き受けたことを恨むでもなく，弟に対する思いやりも抱いているらしいのだ．

　もちろん，エルマンだって辛かった，というのがセリフの内容．この直後，罪滅ぼしのようにしてエルマンはハコボに大金を手渡す．ハコボはそれでカジノでひと儲けする．

---

① **vos sabés**：ウルグアイもアルゼンチン同様，tú に代えて vos が使われる．動詞の活用もアルゼンチンと同様．sabés は動詞 saber の現在形．主語が vos のときの変化．
② **no fue nada fácil**：次の不定詞の動詞 estar が主語となる構文．nada は次の形容詞 fácil を強調する副詞の働き．
③ **sabiendo**：動詞 saber の現在分詞．現在分詞は他の動詞との同時性を表す．ここでは estar lejos と関係している．ハコボの苦労を「知りながら，遠く離れている」ことがつらかった，ということだ．

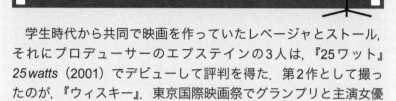
『ウィスキー』について

　学生時代から共同で映画を作っていたレベージャとストール，それにプロデューサーのエプステインの3人は，『25ワット』*25 watts*（2001）でデビューして評判を得た．第2作として撮ったのが，『ウィスキー』．東京国際映画祭でグランプリと主演女優賞を受賞した．

　劇的な設定なのだけれども，特に劇的な盛り上がりを見せるわけでもない話を淡々と描いて，そこはかとないおかしみや哀愁を感じさせる語り口は，『過去のない男』（2002）などで知られるフィンランドの監督アキ・カウリスマキを彷彿とさせるとも評された．しかし，スペイン語圏の映画を見てきた私たちとしては，ルイス・ブニュエル（1900〜83）を想起させる要素に満ちた映画だと言っておこう．

　ハコボがマルタに偽装夫婦の提案をしたとき，事務所の電話が鳴って話の腰が折られる．電話に応対して戻ってきたハコボが「間違い電話だ」Equivocado とつぶやき，マルタが，「そうですね，時々あることです」Sí, a veces pasa と応じる．この間違い電話のエピソードは，ハコボがマルタに結婚指輪を渡し，マルタがそれを落としてしまって床にひざまずいて探すというアパートでのシーンで繰り返される．一方で指輪を落とすというこのエピソードが，今度はピリアポリスのホテルのプールでのシーンで繰り返される．一見意味をなさないエピソードを繰り返すのは，ブニュエルがよく採用した手法だった．

　意味をなさないエピソードというよりは，人物の造型に役立つ動作の繰り返しも，目立つところ．とりわけマルタが右耳の後ろの髪を撫でつける動作は，印象に残る．淡々と退屈な日常をこなすだけに思われながら，バスの中ではヘッドフォンステレオを聴き，ブラジルのスターの話には喜びの表情を見せる彼女の人物像は多くを想像させる．

　2006年，レベージャは急逝した．自殺だったとのこと．

35 パンズ・ラビリンス
El laberinto del fauno

ギジェルモ（ギレルモ）・デル・トロ監督

▶**製作**◎アルフォンソ・クワロン, ギジェルモ・デル・トロ他
▶**脚本**◎ギジェルモ・デル・トロ
▶**撮影**◎ギジェルモ・ナバロ
▶**編集**◎ベルナ・ビラプラナ
▶**音楽**◎ハビエル・ナバレテ
▶**出演**◎イバナ・バケロ, セルジ・ロペス, マリベル・ベルドゥー, ダグ・ジョーンズ他
▶**製作年等**◎2006 年, スペイン, メキシコ, 124 分

ストーリー

　内戦直後のスペイン．オフェリア（バケロ）は母メルセデス（ベルドゥー）とともにその再婚相手のビダル大尉（ロペス）の任地にやって来た．内戦終結後も山に籠もり抵抗を続ける共和派兵士（マキ maqui とかマキス maquis と言う）を掃討するのがビダルの任務だった．実はマキスを陰で支える人々も多く働いている山間の宿営で新しい生活を始めることになったオフェリアのもとに，牧神（パン/ジョーンズ）が現れ，三つの試練をくぐり抜けたら彼女を魔法の世界に連れて行き，本当の両親に会わせると約束する．禁を破って窮地に陥りながらも，ふたつの試練をクリアしたところで，しかし，妊娠して臨月を迎えていた母は出産直後に死んでしまう．時を同じくして，マキスの一部が捕らえられ，彼らと内通していた医者や宿営の使用人が窮地に立たされ，ビダルとマキスの対決もクライマックスを迎える．生まれたばかりの弟を連れて地下世界に通じる牧神の迷路へ向かったオフェリアが命じられた最後の試練は，弟の生き血を捧げることだった．

発売元：カルチュア・パブリッシャーズ,
セル販売元：アミューズソフトエンタ
テインメント

Las cosas no son tan sencillas. Te estás haciendo mayor y pronto entenderás que la vida no es como en tus cuentos de hadas. El mundo es un lugar cruel. Eso vas a aprenderlo aunque te duela.

◎　◎　◎

ものごとはそんなに**単純ではないのよ**．あなたは**大人になりつつあるんだから，人生はおとぎ話のよう**にはいかないってことを**理解しなきゃ**．**世間って残酷**なのよ．どんなに辛くても，そのことを学ばなきゃ．

セリフの背景　オフェリアは移動の車の中でも童話を読みふけるような読書好き，空想好きの少女だった．途中，車を降りた彼女は，妖精を見たと言い張る始末．メルセデスはそれには取り合わない．そんなオフェリアが妊娠中毒で苦しむメルセデスを助けてあげたくて，牧神にもらったマンドラゴラ（人間になりたがっている植物）によるおまじないを実行に移す．おまじないは功を奏するのだが，ビダル大尉にベッドの下のマンドラ

©2006 ESTUDIOS PICASSO,TEQUILA GANG Y ESPERANTO FILMOJ

ゴラが見つかってしまう．どうにか大尉を説き伏せ，自分が言い聞かせると約束したメルセデスが，オフェリアとふたりきりになった時に言うのがこのセリフ．子供はいつまでも子供のままではいられないとさとしているのだ．実際にはオフ

ェリアは牧神の課す試練をくぐり抜け，独自のしかたで大人になろう
としているのだが，それが大人には理解されないらしい．成長の難し
さを物語るエピソード．

　しかし，何よりもこの物語の怖いところは，実際にはものごとがオ
フェリアのおとぎ話のように終わってしまうし，そのおとぎ話という
のは大人の世界よりもずっと残酷な試練を課すものだったという結末
だろう．

① **tan**：「そんなに」，「それほど」の意の副詞．como と
の組み合わせで使われることも多い．ここでも como
以下を補って考えるとわかりやすいだろう．Las cosas
no son tan sencillas como piensas.（ものごとはあなたの
考えるように単純ではないのだ）というように．

② **te estás haciendo mayor**：再帰動詞 hacerse の現在進行形．進行形は
estar ＋現在分詞で作られる．日本語だと「もう大人なんだから」と完
了の用法のように言われるのが一般的だが，ここではあくまでも進行
形なので，「あなたは大人になりつつある」という意味．

③ **entenderás**：動詞 entender の直説法未来形，二人称単数の活用形．

④ **cuento de hada**：「おとぎ話」の意．直訳すると「妖精の物語」．

⑤ **un lugar cruel**：動詞 ser の補語としての名詞（ここでは lugar）の後ろ
に性質形容詞（cruel）がつく場合，不定冠詞（un）を伴う（ser の補語
が名詞のみの場合，通常，冠詞はつかない）．

⑥ **eso**：中性の指示代名詞．抽象的なものや話の内容などを指示する．
「そのこと」の意．ここでは前の文章（世界は残酷だということ）を指
している．

⑦ **vas a aprenderlo**：vas は動詞 ir の直説法現在形，二人称単数の活用形．
ir a ＋動詞の不定詞で未来を表す．lo は中性の目的語代名詞．ここで
は直前の Eso を受けている．直接目的語が前置されている場合，この
ように繰り返される．

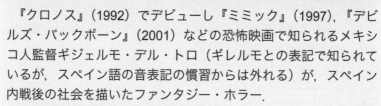

　『クロノス』（1992）でデビューし『ミミック』（1997），『デビルズ・バックボーン』（2001）などの恐怖映画で知られるメキシコ人監督ギジェルモ・デル・トロ（ギレルモとの表記で知られているが，スペイン語の音表記の慣習からは外れる）が，スペイン内戦後の社会を描いたファンタジー・ホラー．

　日本版のポスターなどに使われたイメージは，オフェリアが金色に輝く宮殿に踏み込んだ姿だ．これが想起させるきらびやかなファンタジーという予断は，しかし，みごとに裏切られるだろう．バッタを大きくしたような妖精に始まり，怪異な容貌の牧神，グロテスクなカエルのお化けなど，なんともおどろおどろしいキャラクターが展開するのがこの映画世界だ．

　しかし，考えてみるに，おとぎ話の世界というのはそういうものかもしれない．実写で，かつこれだけ進歩を遂げた特殊メイクやＣＧなどを駆使して表現されると，そのおどろおどろしさにリアリティが加わる．

　内戦後を扱った映画というと，ビクトル・エリセによる2作品（本書でも扱っている）などが思い浮かばれる．少女が主人公であることも連想を促すだろう．そのエリセの『ミツバチのささやき』（20ページ）は少女がフランケンシュタインに出会うという話だった．少女にはグロテスクな怪物が自然に見えるのだ．それを映画で表現するとなった時，極めてシンプルな特殊メイクによるフランケンシュタインと，33年後の技術の粋を凝らして表現された怪物たちとが，私たち観客には，あまりにも違って見える．

　見方を変えれば，『パンズ・ラビリンス』は，技術の達成を前提に撮り直した新版『ミツバチのささやき』だと言えるだろう．見比べてみると楽しいに違いない．

36 サルバドールの朝
Salvador

マヌエル・ウエルガ監督

▶**製作**◎ジャウマ・ロウレス
▶**脚本**◎リュイス・アルカラソ
▶**撮影**◎ダビ・オメデス
▶**美術監督**◎アンチョン・ゴメス
▶**出演**◎ダニエル・ブリュール, トリスタン・ウリョーア, レオナルド・スパラグリア, レオノール・ワトリング他
▶**製作年等**◎2006年, スペイン, 135分

ストーリー　　　1973年, 無政府主義グループのイベリア解放運動 (MIL) に所属する青年サルバドール・プーチ＝アンティーク (ブリュール) は, 逮捕された際に抵抗し, 警官を銃殺したとして裁判にかけられる. 弁護士アラウ (ウリョーア) は, 警官殺しを擁護する者との非難を浴びながらも, 親身になってサルバドールを弁護するべく, 彼にMILとの関わりを語らせる. サルバドールは恋人のことや仲間のこと, これまでにMILが行った資金調達のための銀行襲撃のことなど, 事細かに語る.

　一方, 死んだ警官の浴びた銃弾には同じ警官仲間の発したものも含まれていたのだが, 裁判ではそういった証拠はいっさい考慮に入れられず, サルバドールには死刑判決が下る. 他のテロ組織バスク祖国と自由 (ETA) によるカレーロ・ブランコ首相暗殺なども, サルバドールの量刑には影響したらしい. 上告は棄却され, 家族からの減刑嘆願も聞き入れられなかった. バルセロナの弁護士会のメンバーたちの多方面への働きかけも虚しく, 74年, 死刑は執行される.

La política se convierte en nuestra vida. Pero no luchamos sólo contra la dictadura. Queremos cambiarlo todo. Acabar con el viejo mundo y construir una nueva sociedad sin clases, libre de verdad. Aunque sabemos que sólo con palabras no se consigue nada.

◎ ◎ ◎

政治が僕たちの人生になった．でも僕たちはただ反独裁だけを求めて戦ったんじゃない．何もかも変えてしまいたかったんだ．古い世界を終わらせ，階級なき新たな社会を，本当に自由な社会を作りたかった．ただし，単に言葉だけでは何も達成できないことはわかっていた．

サルバドールの朝

セリフの背景　弁護士アラウに対してサルバドールが自身の反政府運動への関わりを語り始めた，ごく初期のセリフ．5年前（1968年），反政府運動のビラを撒いたとして警察に捕まり，2日後にどこかのビルの7階から捨てられて死んだ若者エンリケ・ルアーノの事件がきっかけだった，というのがサルバドールの主張．政府はこれを機に非常事態を宣言し，一部でこれに抗議するデモなどが起こった．「できることはふたつしかなかった．つまり，黙って頭を下げ，何も見ないこと．そうすれば大丈夫．何ともない」Sólo puedo hacer dos cosas: callar, bajar la cabeza y no mirar nada. Puedes ir. Ya está bien そしてもうひとつが，行動すること．サルバドールはこうして行動に参加した．このセリフが流れる間，画面では，新聞を読むだけの父や，勉強を続けるだけの兄を残して家を出，仲間たちとデモに参加するサルバドールの行動が紹介される．こうして運動に加わっていったというわけだ．

1968年と，それに前後する数年間は，学生運動や労働運動が盛り上がり，世界中のあちこちで騒動が起きた．パリのいわゆる「5月革命」はその代表的な事例だ．その後の社会の価値観の転換を迫ったこの現象のことを「68年」というひとことで表すことも多い．ここで述べられていることは，サルバドールたちの活動も68年に連動するものであったということだ．映画『サルバドールの朝』には様々な主張が込められているだろうが，前半部は，このように，68年の青年たちを描いた物語の様相を呈している．

　事実，フランセスク・エスクリバーノ『サルバドールの朝』（潤田順一訳，現代企画室）によれば，パリの5月革命はサルバドールの「人生に新しい変化を生みだした」とのこと．

---

① **se convierte**：動詞convertirseの現在形．「変わる」．変化の結果は前置詞enで表す．

② **contra**：動詞luchar「戦う」の対象を表す．

③ **cambiarlo todo**：todoは抽象的な意味の「何もかも」．これが目的語に来るときには中性の代名詞loで繰り返す．

④ **acabar con el viejo mundo**：acabarは前文のqueremosに続いているので不定詞．「終わらせる，始末する」の意だが，その対象はconで表す．

⑤ **de verdad**：「本当に」の意の成句．

⑥ **sólo con palabras no se consigue nada**：このconは手段．se consigueは動詞conseguirseの現在形．次のnadaを主語にした再帰受け身．nadaは動詞の後ろにあるので，動詞の前にnoが必要になる．上には「達成できない」と訳したが，直訳すると「ただ言葉だけでは何も達成されない」の意．

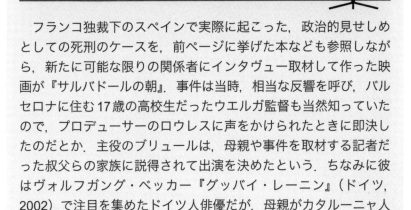

『サルバドールの朝』について

　フランコ独裁下のスペインで実際に起こった，政治的見せしめとしての死刑のケースを，前ページに挙げた本なども参照しながら，新たに可能な限りの関係者にインタヴュー取材して作った映画が『サルバドールの朝』．事件は当時，相当な反響を呼び，バルセロナに住む17歳の高校生だったウエルガ監督も当然知っていたので，プロデューサーのロウレスに声をかけられたときに即決したのだとか．主役のブリュールは，母親や事件を取材する記者だった叔父らの家族に説得されて出演を決めたという．ちなみに彼はヴォルフガング・ベッカー『グッバイ・レーニン』（ドイツ，2002）で注目を集めたドイツ人俳優だが，母親がカタルーニャ人で，スペイン語とカタルーニャ語を流暢に話す．

　バルセロナを州都とするカタルーニャはスペイン中央部とは異なる独自の文化をはぐくんできた土地で，言語もスペイン語（カスティーリャ語）ではなく，カタルーニャ語を有する．フランコ時代，公にはカスティーリャ語の使用しか認められなかった．映画でもカタルーニャ語で話す主人公たちに対して，警官や看守が「カスティーリャ語を使え」と強要するシーンがある．

　それほど『サルバドールの朝』にはカタルーニャ語が多く出てくる．むしろ半分くらいはカタルーニャ語による発話で成り立っているだろう．サルバドールの恋人を演じるふたりの女優，レオノール・ワトリングとイングリッド・ルビオもカタルーニャ語を披露している．

　映画のメッセージのひとつは死刑制度反対の主張だ．サルバドールの死刑執行のシーンは執拗なまでに描かれる．ガローテgarroteと呼ばれる締め具による，実にむごい絞首刑だ．サルバドールはこの方法で死刑になった最後のふたりの人物のうちのひとりである．執行の翌年フランコが死に，その3年後，1978年には死刑は廃止された．

③⑦ チェ 28歳の革命
Che Part 1

スティーヴン・ソダーバーグ監督

▶**製作**◎ローラ・ビックフォード, ベニシオ・デル・トロ
▶**脚本**◎ピーター・バックマン
▶**撮影**◎ピーター・アンドリューズ
▶**美術**◎アンチョン・ゴメス
▶**出演**◎ベニシオ・デル・トロ, デミアン・ビチル, サンティアゴ・カブレラ, カタリーナ・サンディノ・モレノ, ジュリア・オーモンド他
▶**製作年等**◎2008 年, スペイン, フランス, アメリカ, 132 分

ストーリー

　　　1964年，キューバ革命政府の要人エルネスト・チェ・ゲバラ（デル・トロ）は，アメリカ合衆国のジャーナリストからインタヴューを受けている．やがて彼はニューヨークに渡り，国連本部で演説することになっている．エルネストはインタヴュアーに尋ねられるままに，自らの革命との関わりを語る．1955年，メキシコでフィデル・カストロ（ビチル）と出会ってすぐさま意気投合し，彼はグランマ号に乗ってカストロたちとともにキューバに渡る．東部のマエストラ山脈で軍を組織し，反バティスタ政府ゲリラ戦を始める．当初医師だったエルネストは，その勇敢さから司令官に任命されて大隊を指揮することになる．脱走や裏切りなどもあったが，それらには厳しく対処し，ゲリラ仲間には教育的であったので，一時期新兵の教育係にもなった．そして中部ラス・ビジャス州（現ビジャ・クララ）の制圧に向かい，主要都市サンタ・クララを陥落．翌日，ハバナではバティスタが逃亡し，革命戦争は勝利に終わる．後の妻アレイダ（サンディノ・モレノ）らとともに，エルネストもハバナに向かう．

Aunque le pueda parecer ridículo, un revolucionario verdadero está guiado por grandes sentimientos de amor. Amor a la humanidad, amor a la justicia y a la verdad. Es imposible pensar en un revolucionario auténtico sin esta cualidad.

◎　◎　◎

　奇妙に響くかもしれないが，本当の革命家というものは愛という大いなる感情に導かれているものだ．人間への愛，正義と真実への愛だ．この特質を持たない本物の革命家なんて考えることはできない．

セリフの背景　ストーリーで触れたように，この映画はアメリカ合衆国の女性ジャーナリスト，リサ・ハワード（オーモンド）による1964年のゲバラへのインタヴューを外枠としている．ハワードによる質問とそれに対する答えが，実際のゲバラの行動を描く映画の中心ストーリーに対する解説のナレーションの役目を果たしている．現在確認できるハワードによる実際のABCニュース向けインタヴューは，時事問題や経済情勢といったアクチュアルな問題にその30分ばかりのほとんどの時間を費やしていて，革命の様子や革命戦争内でのゲバラの果たした役割などには触れていない．放送されなかった部分にそんな話が含まれていたのか，あるいは他の資料に基づく情報を，体裁だけハワードのインタヴューを借りてここに盛り込んでいるのか，それは定かではない．いずれにしろ，そうした放送されなかったやりとりのひとつがこのセリフ．「革命家にとって最も重要な性質qualityは何か？」との質問に対するゲバラの答だ．まずひと言，「愛だ」と答えたゲバラに対してハワードがオ

ウム返しに聞き返してきたので，そんな彼女に対して，さらなる説明を加えている箇所だ．

　カストロから司令官Comandanteの称号を授かったゲバラが，大隊を率いてエル・オンブリート渓谷で政府軍に奇襲攻撃をしかける直前の様子が，画面には流れている．このひとつ前の場面では，大隊の隊員たちを前にしたゲバラが，農民に敬意を払わなければならないと説き，あるいは行軍中の休み時間には自ら読書し，隊員にも勉強を勧める姿が描かれる．多くの資料が伝える勤勉で慎みのあるゲバラの人物像を，こうして映画は浮き彫りにしているというわけだ．

　実在の革命の英雄を扱ったこの映画だが，行きすぎたドラマティズムに走ることはない．ゲバラを過度に神話化するような作り話をするでもなく，あるいは後に妻となるアレイダとの出会いをロマンティックに語るわけでもない．脚色せずとも劇的な革命のプロセスを比較的淡々と描いていると言っていい．ドラマに頼らずにインタヴューという手法でゲバラの人格と思想を伝える手法がすぐれている．

---

① **le pueda parecer**：譲歩の意のaunqueの後なのでpoderは接続法pueda．

② **está guiado**：guiadoは動詞guiarの過去分詞．この文章は受け身．行為主体はporで表す．

③ **grandes sentimientos de amor**：前置詞deは同格を表す．「愛という大いなる感情」の意．

④ **es imposible pensar**：pensarを主語とする価値判断の構文．pensar「考える」は，その対象を前置詞enで示す．

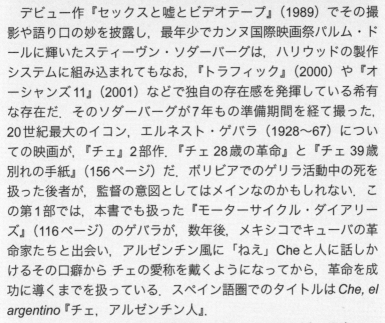

『チェ　28歳の革命』について

　デビュー作『セックスと嘘とビデオテープ』（1989）でその撮影や語り口の妙を披露し，最年少でカンヌ国際映画祭パルム・ドールに輝いたスティーヴン・ソダーバーグは，ハリウッドの製作システムに組み込まれてもなお，『トラフィック』（2000）や『オーシャンズ11』（2001）などで独自の存在感を発揮している希有な存在だ．そのソダーバーグが7年もの準備期間を経て撮った，20世紀最大のイコン，エルネスト・ゲバラ（1928〜67）についての映画が，『チェ』2部作．『チェ 28歳の革命』と『チェ 39歳 別れの手紙』（156ページ）だ．ボリビアでのゲリラ活動中の死を扱った後者が，監督の意図としてはメインなのかもしれない．この第1部では，本書でも扱った『モーターサイクル・ダイアリーズ』（116ページ）のゲバラが，数年後，メキシコでキューバの革命家たちと出会い，アルゼンチン風に「ねえ」Cheと人に話しかけるその口癖から チェの愛称を戴くようになってから，革命を成功に導くまでを扱っている．スペイン語圏でのタイトルは *Che, el argentino*『チェ，アルゼンチン人』．

　ゲバラは身長173 cmと中背だったので，190 cm近い長身のベニシオ・デル・トロ（日本ではベニチオとして知られているが）は高すぎる気がしないでもないが，そもそもこの映画のアイディアはデル・トロからソダーバーグに持ちかけたものらしい．25 kgも減量してゲリラ戦士にふさわしい精悍な表情を得，カンヌ国際映画祭主演男優賞を受賞した．デル・トロはプエルトリコ出身なので，もちろん，スペイン語は母語である．

　ちなみに，撮影のピーター・アンドリューズとはソダーバーグ自身のこと．ハリウッドの組合の取り決めにより，同一人物が監督と撮影監督を務めることができないので，偽名を使っている．これまでもいくつかの作品でアンドリューズ名義で撮影を担当している．

37

38 チェ 39歳別れの手紙
Che Part 2

スティーヴン・ソダーバーグ監督

▶**製作**◎ローラ・ビックフォード, ベニシオ・デル・トロ
▶**脚本**◎ピーター・バックマン
▶**撮影**◎ピーター・アンドリューズ
▶**音楽**◎アルベルト・イグレシアス
▶**出演**◎ベニシオ・デル・トロ, デミアン・ビチル, マルク＝アンドレ・グロンダン, カタリーナ・サンディノ・モレノ, フランカ・ポテンテ他
▶**製作年等**◎2008 年, スペイン, フランス, アメリカ, 133 分

ストーリー　　1966年，キューバ革命政府内の要人だったエルネスト・チェ・ゲバラ（デル・トロ）は忽然と姿を消し，フィデル・カストロ（ビチル）は弁明のため，テレビで彼からの「別れの手紙」を読む．実はチェは密命を帯びてコンゴにいたのだが，その1年後には，今度はボリビアに革命を広めるために旅立つ．現地の共産党からは思うような協力が得られなかったが，何年も前から潜入していた工作員タニア（ポテンテ）らも合流してボリビア南部でゲリラを組織する．ボリビア政府はアメリカ合衆国の援助を得て，ゲリラの掃討にかかる．通信が途絶え，連絡役を託したフランス人哲学者レジス・ドブレ（グロンダン）が政府軍に捕まり，ゲバラたちは徐々に追い詰められていく．一旦は味方につけた農民たちも，政府軍に脅されて裏切り，仲間たちは殺される．そしてとうとうユーロ渓谷での戦闘において，ゲバラは政府軍に捕まり，翌日，射殺される．

Eduardo: ¿No cree en nada?
El Che : Sí, yo creo en los hombres.

◎　　◎　　◎

エドワルド：何も信じないのですか？
チェ　　　：信じてるとも，私は人間を信じてるんだ．

セリフの背景

1967年10月8日，ボリビアでの活動の340日目，南部ユーロ渓谷での銃撃戦で負傷したチェはボリビア国軍に捕まり，近所のイゲーラ村に連行される．小学校の校舎が彼の牢獄となった．大佐を名乗る人物がチェを取り調べ，作戦内容や仲間との合流地点，ゲリラの人数などを尋ねるが，彼は答えることを拒絶したり，知らないふりを決め込んではぐらかしたりしている．大佐が権威を振りかざそうとすると「外国人」と罵倒して，一触即発の空気だ．部下に止められてチェを殺すことは思いとどまった大佐だが，見せしめに仲間の死体を部屋の中に運ばせる．

その夜，見張りに立った兵士のうち，部屋の中で直接チェを監視していたエドワルド（ヘスス・カロサ）は彼に興味津々のようだ．やっと死体が運び出されると，「ひどいな．死人にあんなことしちゃいけない」Eso está mal. Eso no se hace con los muertos とつぶやいてチェの気を引く．次いでキューバには宗教はあるのか，「共産主義者たちは神を信じないって聞いたけど」Me han dicho que los comunistas no creen en Dios と尋ねる．チェはそれにこたえ，「キューバには公式の宗教はないが，多くの人が神を信じている」En Cuba no hay religión oficial, pero mucha gente cree en Dios と説明する．それに続くやりとりが，上のセリフ．

この後チェは，たばこを勧めるエドワルドに，手錠代わりの縄をほどいてくれと頼むが，エドワルドは恐れをなして校舎の外に出て，見

チェ 39歳別れの手紙

157

張り役を替わってもらうのだった．翌朝，おじをチェに銃殺されたというキューバ人大尉がやって来て，彼を通じて上層部の命令が伝達され，チェは銃殺されることになる．ここで縄をほどくようにとの願いをエドワルドに断られたのは，チェにとっては決定的な出来事だった．

　このエドワルドのモデルはウエルタ少尉といい，彼は実際にチェにたばこを勧めたり，家族の話をしたりして，縄をほどくようにお願いされたと証言している．惠谷治『1967年10月8日　チェ・ゲバラ　死の残照』（毎日新聞社）は，詳しくその様子を伝えている．しかし，「人間を信じる」との発話は確認できない．ヒューマニストたるゲバラのこと，いかにも言いそうなセリフではあるが，創作かもしれない．第1部の革命家に必要な性質は「愛だ」というセリフといい，このセリフといい，創作だとしても，チェの思想の特質をついていてうならせる．名セリフであるゆえんだろう．

　ユーロ渓谷の銃撃戦からチェの射殺までの一連のシーンはとりわけ緊迫感があるし，何より主演のデル・トロの鬼気迫る演技がすばらしい．セリフと相まってこの長い2部作の最後を見事にまとめている．

---

① **cree**：動詞 creer の usted が主語のときの活用．「信じる」の意味．信じる対象は en で表す．

② **sí**：スペイン語に限らず，ヨーロッパ系の言語は日本語と異なり，疑問文に対する答は動詞を肯定するか否定するかを答える．この場合は creer するかしないかを答える．疑問文に対する肯定否定ではない．「信じないのか？」に対して，「信じる」ならば，sí，「信じない」ならば no．

『チェ　39歳別れの手紙』について

　革命の勝利をクライマックスに据えた第1部『チェ　28歳の革命』（152ページ）とは対照的に，この第2部『チェ　39歳別れの手紙』はボリビアでのゲリラ活動の挫折と，その結果としてのゲバラの死に終わる重い内容のものだ．死の瞬間はゲバラに視点を据え，射撃を受けて倒れたゲバラの視界が，徐々にかすれていく様子を表現している．見る者の胸を押し潰すようなこの撮影は，第1部同様，監督のソダーバーグがピーター・アンドリューズという偽名で担当したもの．

　映画冒頭でカストロが読んでいるチェからの手紙は「別れの手紙」の名で知られた，つとに有名な文献．映画の中では部分的にだが，正確にその文章が引用されている．この手紙の朗読のシーンがフェードアウトで終わる際には，「異国の空の下で最期を迎えることになったら，ぼくの最後の思いはこの国（キューバ）の人々に，とくに君にはせるでしょう」Que si me llega la hora definitiva bajo otros cielos,mi último pensamiento será para este pueblo y especialmente para ti. という文章が読まれており，結末の悲劇が示唆される格好になっている．

　しかし，実際にはこの「別れの手紙」は，ボリビアでの活動とは無関係．ストーリーのページで述べたように，このときゲバラは密命を帯びてコンゴに派遣されていた．手紙は，ゲバラたちがいつも合言葉のように使っていた「勝利の日までたゆまずに！祖国か死か！」¡Hasta la victoria siempre! ¡Patria o muerte! で締められる．さらに「ありったけの革命の熱狂をこめて，きみを抱擁します」Te abrazo con todo fervor revolucionario. の一文が添えられ，この時期囁かれていたゲバラとカストロの不仲説が払拭された．邦語文献ではフィデル・カストロ『チェ・ゲバラの記憶』（柳原孝敦監訳，トランスワールドジャパン）に「別れの手紙」の全文が掲載されている．

38

チェ　39歳別れの手紙

〈著者〉

柳原孝敦（やなぎはら　たかあつ）

1963 年, 鹿児島県名瀬市（現・奄美市）生まれ. 東京大学大学院人文社会系研究科教授. 東京外国語大学外国語学部スペイン語学科卒業. 同大学大学院博士後期課程満期退学. 博士（文学）. 専攻はスペイン語圏の文学, 文化研究.
著書に,『ラテンアメリカ主義のレトリック』（エディマン / 新宿書房, 2007）,『テクストとしての都市　メキシコ DF』（東京外国語大学出版会, 2019）, 翻訳書に, アレホ・カルペンティエール『春の祭典』（国書刊行会, 2001）, ロベルト・ボラーニョ『野生の探偵たち』共訳（白水社, 2010）, セサル・アイラ『文学会議』（新潮社, 2015）, フアン・ガブリエル・バスケス『物が落ちる音』（松籟社, 2016）, 他に『ビクトル・エリセ DVD-BOX』各巻の解説リーフレット（紀伊國屋書店, 2008）など多数.

映画に学ぶスペイン語

2021 年 11 月 6 日 初版第 1 刷発行

著　者　　柳原孝敦
発行者　　阿部黄瀬
発行所　　株式会社 教育評論社

〒 103-0001
東京都中央区日本橋小伝馬町 1-5 PMO日本橋江戸通
Tel. 03-3664-5851
Fax. 03-3664-5816
https://www.kyohyo.co.jp
印刷製本　萩原印刷株式会社

©Takaatsu Yanagihara 2021 Printed in Japan
ISBN 978-4-86624-047-3